Clever studieren – mit der richtigen Finanzierung

Hinweise

Im Interesse der Lesbarkeit wird in der Regel darauf
verzichtet, explizit die weibliche und die männliche Form
einer Bezeichnung zu verwenden. Es wird nur das sogenannte generische Maskulinum benutzt, das heißt der
verallgemeinernde, grammatikalisch männliche Begriff.
Er umfasst, ohne jegliche Diskriminierung, beide
Geschlechter.

Dieser Ratgeber ist umfassend aktualisiert worden. Nach
Drucklegung können sich Änderungen ergeben, insbeson-
dere bei gesetzlichen Regelungen oder Angeboten von
Kreditinstituten usw. Erkundigen Sie sich daher auf jeden
Fall noch einmal genau nach dem aktuellen Stand, ehe
Sie eine Entscheidung treffen.

5., vollständig aktualisierte Auflage, Juli 2014,
33. – 38. Tausend
© Verbraucherzentrale NRW, Düsseldorf

ISBN 978-3-86336-046-7
Printed in Germany
Gedruckt auf 100 Prozent Recyclingpapier

Vorwort

Der Uni-Start ist aufregend: neue Herausforderungen, neue Menschen, eventuell eine neue Stadt. Mit dem Beginn eines Studiums verändern sich in den meisten Fällen Ihre Lebensumstände grundlegend. Sie ziehen vielleicht in eine eigene Wohnung, ein Wohnheim oder eine WG und stehen – vermutlich zum ersten Mal im Leben – auf eigenen Füßen. Das heißt, dass Sie sich Gedanken darüber machen müssen, welche Kosten in den nächsten Jahren auf Sie zukommen und wie Sie Ihr Leben während der Studienzeit finanziell organisieren wollen. Ohne Geld funktioniert das schlecht, das liegt auf der Hand.

Studieren war noch nie besonders preiswert. Ab 2005 führten jedoch viele Bundesländer allgemeine Studiengebühren ein und damit verteuerte sich diese Art der Ausbildung massiv. Zum Glück für die Studierenden und deren Eltern verschwanden diese Kosten zum Wintersemester 2014/2015 vollständig von der Bildfläche; Niedersachsen schaffte sie als letztes Bundesland ab. Damit ist das Erststudium in Deutschland wieder kostenlos.

Theoretisch zumindest. Denn natürlich fallen dennoch Kosten an: für sonstige Gebühren, die die Hochschulen erheben, für den Lebensunterhalt, für Versicherungen. Woher das Geld dafür nehmen? Mit einem BAföG-Antrag allein ist es nicht getan. Selbst wenn Sie Anspruch darauf haben, reicht das Geld oft nicht zum (Über-)Leben. Es bleibt Ihnen also nichts anderes übrig, als weitere Geldquellen aufzutun, um Ihr Studium zu finanzieren. Doch keine Panik: In diesem Buch erfahren Sie alles rund ums Finanzielle – was ein Studium kostet und wie Sie es finanzieren können.

90 €

1,7 %

§ 83

1.268,- €

§ 347

13,7 %

28,147
× 9,5

50,1 %

§ 14.2

28
+ 641
= 669

Das Ganze ist nicht nur ein Thema für Schulabsolventen.
In Zeiten der Globalisierung und des Fachkräftemangels
wird heutzutage von Arbeitnehmern erwartet, dass sie
sich fortbilden und beruflich am Ball bleiben. Allerdings
fragen sich viele, wie sie sich Weiterbildungen leisten
sollen. Daher erfahren im Kapitel „Stipendien" auch Berufstätige, welche Fördertöpfe sie zur Finanzierung der
Weiterbildung anzapfen können.

Wer gut informiert ist, muss nicht auf ein Studium oder
eine Weiterbildung an der Hochschule verzichten. Sie finden in diesem Buch Infos und Tipps zu allem, was wichtig
ist und was Sie bei Ihren Planungen benötigen.

Lebenshaltung

Studieren ist ein teurer Spaß. Teuer machen es jedoch nicht nur Studiengebühren, sondern vor allem die hohen Lebenshaltungskosten. Sie sind derzeit der größte Kostenfaktor. Eine pauschale Summe zu nennen ist schwierig. Denn wie hoch die Lebenshaltungskosten sind, hängt von vielen Dingen ab: ob ein Studierender allein, in einer Wohngemeinschaft oder bei den Eltern lebt, ob er zu seiner Uni pendeln muss und davon, welche persönlichen Ansprüche er hat. Auch Alter, Geschlecht und der Hochschulort spielen eine große Rolle.

[] **Wer darf sich Student nennen?**

Als Studierender gilt, wer an einer staatlich anerkannten Hochschule, Fachhochschule oder Kunsthochschule immatrikuliert ist. Nur diese Personen genießen studentische Rechte und haben Anspruch auf entsprechende Vergünstigungen. Schüler an Abendschulen oder privaten Akademien haben nicht den gleichen rechtlichen Status.

Das Deutsche Studentenwerk hat in seiner 20. Sozialerhebung von 2012 herausgefunden, dass ein Normalstudent in Deutschland durchschnittlich 298 Euro pro Monat für Miete samt Nebenkosten ausgibt. Hinzu kommen rund 299 Euro für Lebensmittel, Kleidung und Fahrtkosten. Für Lernmittel, Krankenversicherung und Medikamente werden im Schnitt 96 Euro ausgegeben. Zusätzlich rund 33 Euro für Telefon, Internet und Rundfunkbeitrag. Macht zusammen über 720 Euro im Monat – durchschnittlich! Eine ganze Menge Geld, das erst einmal aufgebracht werden will. Dazu addieren sich noch Ausgaben für Kinokarten, Kneipenbesuche und Ähnliches. Macht rund 800 Euro pro Monat, und damit summieren sich die Kosten bei einer Studiendauer von sechs Jahren an einer deutschen Universität auf rund 57.000 Euro. Ein Fachhochschulstudium von viereinhalb Jahren schlägt mit knapp 43.000 Euro zu Buche. Die Kosten sind damit im Vergleich zur letzten Sozialerhebung von 2009 um rund 2.700 Euro leicht gestiegen.

■ Miete

Der größte Posten sind die Mietausgaben. Sie verschlingen mit durchschnittlich 298 Euro rund ein Drittel des studentischen Budgets. Doch es geht auch günstiger: Wer sparen möchte, zieht am besten in ein Studentenwohnheim. Dort kostet ein Zimmer im Schnitt 240 Euro. Für eine eigene Wohnung müssen durchschnittlich 357 Euro auf den Tisch gelegt werden. Studierende in Chemnitz geben dafür übrigens in der Regel 211 Euro aus, wohingegen sie in München 358 Euro auf den Tisch legen müssen. Als Faustregel gilt: je größer die Stadt, desto höher normalerweise die Ausgaben für Miete und Nebenkosten.

■ Lernmittel

Ein Studium ohne Bücher ist auch im digitalen Zeitalter undenkbar. Üblicherweise stehen in den universitären Bibliotheken alle wichtigen Werke. Doch seit auch die deutschen Hochschulen auf Sparkurs sind, müssen sich viele Studenten wichtige Bücher selbst anschaffen. Bei akuter Geldnot lassen die sich auf Verkaufsplattformen im Internet kaufen und wieder verkaufen, um an neues Kapital zu kommen. Gibt der Geldbeutel für größere Buchkäufe nichts her, ist man zum Kopieren verdammt. Eine Beschäftigung, die zahllose Stunden eines Studentenlebens in Anspruch nimmt und zudem teuer ist. Dann will noch ein Computer oder Laptop bezahlt werden, der zur Standardausstattung eines jeden Studierenden gehört, plus Internetzugang und vieles mehr. Alle diese Ausgaben zusammengerechnet, muss jeder Student laut Studentenwerk im Monat durchschnittlich 30 Euro für Lernmittel aufwenden. Die tatsächliche Höhe der Ausgaben hängt jedoch stark vom eigenen Budget, der Motivation und dem Studienfach ab.

■ Fahrtkosten

Irgendwie muss jeder zur Uni kommen. 80 Prozent der Studierenden müssen Geld für Auto, Motorroller oder öffentliche Verkehrsmittel ausgeben, derzeit im Schnitt rund 82 Euro pro Monat. Viel Geld für ein studentisches Budget, weshalb die Zahl derer, die sich ein eigenes Auto leisten können und wollen, in den letzten Jahren gesunken ist (⤳ „Fahrpreisermäßigungen", Seite 199 f.).

Versicherungen

Dass sie zum Auto eine Kfz-Haftpflichtversicherung brauchen, wissen die meisten Studierenden. Unklar ist vielen jedoch, welche Versicherungen sonst nötig sind. Gerade zu Beginn der Unizeit haben Studenten oft Wichtigeres

im Kopf und hoffen, dass die Eltern sich darum kümmern.
Doch die kennen sich in der Regel selbst nicht richtig aus,
schon gar nicht mit studentischen Besonderheiten.

Das Angebot ist ja auch verwirrend: Hausrat-, Privat-
haftpflicht-, Berufsunfähigkeits-, Unfall- und Krankenversicherung – was braucht ein Student wirklich? Bevor
Sie in die Überversicherungsfalle tappen und viel Geld
investieren, sollten Sie sorgfältig abwägen, welche Versicherungen speziell für Sie infrage kommen. Denn über-
versichert zu sein ist genauso schlecht wie gar nicht abgesichert. Das führt nur dazu, dass das Geld an anderer
Stelle fehlt. Infos dazu auch im Online-Magazin der Verbraucherzentrale NRW **www.checked4you.de/studium**.

■ Kranken- und Pflegeversicherung

Krankenversicherung, Pflegeversicherung, Unfallversicherung, Arbeitslosenversicherung, Rentenversicherung –
diese fünf bilden in Deutschland die sogenannte gesetzliche Sozialversicherung. Doch nicht alle sind Pflicht für
Studierende: nur die Kranken- und Pflegeversicherung. Bis
zum Ende des 25. Lebensjahres brauchen Studenten nicht
zwangsläufig eine eigene, sondern können sich über
die gesetzliche Krankenkasse eines Elternteils familienversichern. Das geht so lange, wie ein Student gar nicht
arbeitet oder nur geringfügig beschäftigt ist (⋯⋗ „Wichtige
Infos“, Seite 158 ff.). Die Familienversicherung, die im
Übrigen kostenlos ist und bisher von der Solidargemein-
schaft der Versicherten getragen wird, ist allerdings nur
dann eine Option, wenn mindestens ein Elternteil in einer
gesetzlichen Kasse versichert ist und das Gesamteinkommen bestimmte Grenzen nicht übersteigt (⋯⋗ Seite 12).
Dieser besondere studentische Status endet mit dem
25. Geburtstag. Eine Wehr- oder Zivildienstzeit sowie ein
Einsatz im Rahmen des Bundesfreiwilligendienstes (BFD)
verlängern die Familienversicherung um die Dienstpflicht-
zeit.

>> Krankenversicherung

Auch Schüler und Studenten müssen sich kranken- und pflegeversichern. Sie haben jedoch das Glück, dass sie in der Regel bis zum Ende des 25. Lebensjahres über die gesetzliche Kasse der Eltern kostenlos familienversichert sind.

Falls ein Student für ein oder mehrere Semester ins Ausland geht, sollte man im Vorfeld mit der Krankenkasse wegen der Familienversicherung sprechen, da diese unter Umständen bei Auslandsaufenthalten, insbesondere in Nicht-EU-Ländern, endet. Ab dem 26. Lebensjahr gibt es von nahezu allen Versicherern spezielle Studenten-konditionen, die wesentlich günstiger sind als freiwillige Krankenversicherungstarife. Auch Studierende, deren Eltern privat versichert sind, können bei deren Kassen günstigere Tarife bekommen.

Hat ein Student seinen 25. Geburtstag schon hinter sich und/oder verdient er mehr als 450 Euro in einem Mini-job, kann er sich nicht mehr beitragsfrei über die Eltern familienversichern. Gleiches gilt, wenn sein monatliches Gesamteinkommen (im Jahr 2014) 395 Euro übersteigt. Das geht grundsätzlich auch dann nicht, wenn ein Eltern-teil privat versichert ist, monatlich mehr als 4.462,50 Euro brutto (Stand: 2014) verdient und das Einkommen re-gelmäßig höher ist als das des gesetzlich versicherten Elternteils. Gleiches gilt für den Ehepartner eines Stu-dierenden. In diesen Fällen und wenn beide Eltern privat versichert sind, brauchen Studenten eine eigene Kran-kenversicherung: ob gesetzlich oder privat ist dabei egal. Der Beitragssatz der gesetzlichen Krankenversicherung der Studenten (KVdS) ist bei allen Kassen gleich hoch und zuletzt zum 1. April 2011 angepasst worden. Derzeit werden monatlich 64,77 Euro fällig. Dazu kommen noch 13,73 Euro Pflegeversicherung bei Kinderlosen über 23.

Sind die Studierenden bereits Eltern, sinkt der Beitrag auf 12,24 Euro.

Wer schon vor Beginn des Studiums über die Eltern privat versichert war und das auch weiterhin bleiben möchte oder wer sich neu privat versichern will, kann sich von der gesetzlichen Versicherungspflicht befreien lassen. Dieser Antrag muss innerhalb von drei Monaten nach Beginn des Studiums gestellt werden. Die Befreiung will aber gut überlegt sein, da sie für den Rest der Studienzeit bindend ist. Man kann also nicht wieder zurück in die gesetzliche Krankenversicherung, selbst wenn es sich als günstiger herausstellen sollte.

Die meisten Studenten werden nach dem Studium wieder versicherungspflichtig, weil ihr Einkommen zu niedrig ist. Dann müssen/können sie zurück in die gesetzliche Krankenversicherung. Die Kosten für die private Versicherung mit Beiträgen zwischen 80 und über 200 Euro monatlich sind fast doppelt so hoch wie die für die gesetzliche.

Kinder von Beamten sind übrigens beihilfeberechtigt. Das heißt, dass den Eltern zwischen 50 und 80 Prozent der Krankheitskosten erstattet werden. Für den Rest müssen sie eine private Krankenversicherung (PKV) abschließen. Dafür bieten die Kassen günstigere Studententarife. Die Beihilfeberechtigung gilt nur, solange die Eltern Anspruch auf Kindergeld haben, also meist bis zum Ende des 25. Lebensjahres des Kindes. Danach wird der volle PKV-Beitrag fällig.

Für Langzeitstudenten wird die Krankenversicherung teurer. Mit dem 14. Fachsemester oder dem vollendeten 30. Lebensjahr endet die studentische Pflichtversicherung nämlich offiziell. Unter bestimmten Voraussetzungen können Studierende auch darüber hinaus noch den günstigen Satz zahlen. Beispielsweise dann, wenn

sie behindert sind, ein Kind bekommen und es anschließend betreuen oder über den zweiten Bildungsweg die
Hochschulreife erlangt haben.

Trifft das alles nicht zu, können sich Studierende bis drei
Monate nach dem Ende der studentischen Pflichtversicherung bei einer gesetzlichen Krankenkasse freiwillig
versichern. Es ist wichtig, diese Frist einzuhalten! Denn
danach besteht keine Möglichkeit mehr, in die gesetzliche Krankenkasse aufgenommen zu werden. Dann
kommt nur noch eine – teure – private Krankenversicherung in Betracht.

Voraussetzung für die freiwillige gesetzliche Krankenversicherung ist, dass man in den vergangenen zwölf Monaten durchgängig oder in den letzten fünf Jahren mindestens 24 Monate gesetzlich versichert war. Studierende,
die sich dafür entscheiden, profitieren in der Regel bis
zum Studienabschluss – allerdings maximal sechs Monate lang – von einem Übergangstarif in der Abschluss-
phase. Dieser liegt derzeit bei exakt 100 Euro für die
Krankenversicherung plus Pflegeversicherungsbeitrag in
Höhe von 21,20 Euro (für Kinderlose über 23 Jahre), mit
Kindern liegt er bei 18,89 Euro. Dieser Beitragssatz gilt
bei einem monatlichen Bruttoeinkommen bis 921,67 Euro.
Liegt es über dieser Grenze, werden 10,85 Prozent des
jeweiligen Bruttoeinkommens als Beitragssatz fällig plus
für die Pflegeversicherung 2,05 Prozent bzw. 2,3 Prozent
für Kinderlose (Stand: Mai 2014).

Wer nicht in die studentische Krankenversicherung passt
(weil er zu alt ist oder zu lange studiert) und auch den
oben genannten Übergangstarif nicht (mehr) in Anspruch
nehmen kann, für den bleibt nur eine „normale" freiwillige Versicherung in einer gesetzlichen Krankenkasse –
oder einer privaten. Dann gilt der Mindestbeitrag für freiwillig Versicherte der jeweiligen Krankenkasse. Aber nur,

wenn das Einkommen für Studierende nicht untypisch hoch ist und man sonst nicht von seinem Sonderstatus profitieren kann (Beispiel: Werkstudentenprivileg ⤏ Seite 162 f.). Dieser Tarif für freiwillig Versicherte liegt 2014 einheitlich bei 137,33 Euro (der ermäßigte Beitragssatz von derzeit 14,9 Prozent für freiwillig versicherte Mitglieder ohne Krankengeldanspruch angewendet auf die gesetzliche Mindesteinkommensgrenze von 921,67 Euro).

> **» Zuschuss für BAföG-Empfänger**
>
> BAföG-Empfänger haben es gut: Sie bekommen Zuschüsse zur Kranken- und Pflegeversicherung – unabhängig davon, ob sie gesetzlich oder privat versichert sind. In der Regel gibt es 62 Euro für die Kranken- und 11 Euro für die Pflegeversicherung extra.

All das soll die Bummler zu einem schnelleren Abschluss anregen und vermeiden, dass Scheinstudenten die Kassen belasten. Ein bisher offenbar von der Politik kaum erkanntes Problem ist die Tatsache, dass heutzutage auch Akademiker nach dem Studium nicht sofort eine Stelle finden. Rund sechs Monate nach dem Abschluss endet die Gnadenfrist. Dann müssen sich alle, die bis dahin keinen Arbeitgeber haben, eigenständig versichern. Das kann Abgänger schnell in die finanzielle Bredouille bringen. Auf der einen Seite fallen BAföG und studentische Vergünstigungen weg, auf der anderen schlägt die Krankenversicherung richtig zu. Ein Grund, warum viele während der Jobsuche pro forma ein Zweit- oder Aufbaustudium dranhängen, um sich weiter günstiger studentisch krankenversichern zu können.

Zusammengefasst: Eine Krankenversicherung ist oberste Pflicht für jeden Studenten. Und dank der einheitlichen Beitragssätze und der Möglichkeit, sich in einer gesetzlichen Kasse zu familienversichern, ist sie in der Regel auch bezahlbar.

■ Auslandsreise-Krankenversicherung

Nicht nur auf Reisen, sondern auch und besonders während eines Praktikums oder Studienjahres im Ausland ist eine Auslandsreise-Krankenversicherung ein Muss. Denn die Krankenkasse zahlt im Notfall nur die Behandlung vor Ort und nur innerhalb der EU und in Staaten, mit denen Deutschland ein Sozialversicherungsabkommen geschlossen hat. Die Kosten für einen eventuellen Rücktransport nach Hause übernimmt sie nicht. Das bedeutet beispielsweise, dass ein Austauschstudent, der nicht zusätzlich krankenversichert ist, in den USA die hohen Kosten vor Ort bar aus eigener Tasche bezahlen muss.

Besonders wichtig ist es, bei der Reiseversicherung auf den Langzeitschutz zu achten. Denn die üblichen Policen gelten in den meisten Fällen zwar für mehrere Reisen, aber meist nur für 42 Tage am Stück. Ein solcher Vertrag ist eher für eine Auslandsreise geeignet. Die Preisunterschiede sind enorm, weshalb ein kritischer Vergleich grundsätzlich angeraten ist. Für Reisen zwischen 90 Tagen und einem Jahr liegen die Preise für einen guten weltweiten Schutz zwischen 10 Euro und rund 3.600 Euro. Der Preis hängt von der Dauer der Reise, dem Ziel und dem Alter ab. Grundsätzlich gilt: Je länger die Reise oder Aufenthaltsdauer im Ausland, desto teurer die Auslandsreise-Krankenversicherung. Sie sollten sich für einen Vertrag ohne Selbstbehalt entscheiden, denn der wird für jede Krankheit erneut fällig.

* Auslandsreise-KV rechtzeitig kündigen

Denken Sie daran, dass sich ein Jahresvertrag für eine Auslandsreise-Krankenversicherung in der Regel automatisch um ein weiteres Jahr verlängert, wenn er nicht rechtzeitig gekündigt wird. Die Kündigungsfrist beträgt normalerweise drei Monate.

Zusammengefasst: Wer in der Welt herumreist oder im Rahmen des Studiums für längere Zeit ins Ausland geht, sollte auf jeden Fall eine Auslandsreise-Krankenversicherung – je nach Dauer des Aufenthalts gegebenenfalls mit Langzeitschutz – abschließen. Gute Angebote für um die 10 Euro im Jahr finden Sie auf der Internetseite der Stiftung Warentest, die solche Versicherungen regelmäßig testet: www.test.de.

■ Private Haftpflichtversicherung

Rund ein Drittel der Deutschen ist nicht privat haftpflichtversichert. Dabei ist diese Versicherung eine der wichtigsten überhaupt. Wird beispielsweise durch einen schweren Verkehrsunfall ein Unfallbeteiligter arbeitsunfähig, können die Kosten schnell in die Millionen gehen. Der Schuldige zahlt dann ein Leben lang. Um vor solchen finanziellen Ansprüchen geschützt zu sein, brauchen auch Studenten eine Privathaftpflicht. In der Regel gilt die Police der Eltern bis zum Ende der ersten Ausbildung zusätzlich für die Kinder. Also auch während des Zivil-, Wehr- oder Bundesfreiwilligendienstes und des Studiums. Vorausgesetzt, die Eltern sind überhaupt haftpflichtversichert. War ein Studierender vor Beginn seines Studiums bereits berufstätig, muss er sich grundsätzlich selbst versichern.

>> **Privathaftpflicht**

Diese Versicherung springt ein, wenn Sie aus Versehen das Eigentum anderer beschädigt haben.

Beispiel: Die Waschmaschine läuft aus, und das Wasser tropft bei Ihrem Nachbarn eine Etage darunter auf die Einrichtung.

Gesetzlich vorgeschrieben ist die private Haftpflicht nicht. Dennoch sollten Sie nicht darauf verzichten, da sie zu den wichtigsten Versicherungen gehört. In der Regel sind Studenten bis zum Ende ihres Studiums über die Eltern mitversichert – sofern diese eine Haftpflichtversicherung haben.

* Studentenstatus melden

Sie sollten Ihren Studentenstatus auf jeden Fall der
elterlichen Haftpflichtversicherung melden. Dabei können
Sie gleich nachfragen, ob der Schutz auch weiterhin gilt,
wenn Sie Ihren Hauptwohnsitz in die Unistadt verlegen.

» Eine für beide – „Partnerversicherung"

Paare, die zusammenleben und einen gemeinsamen
Wohnsitz haben – ob verheiratet oder unverheiratet –,
können gemeinsam eine private Haftpflichtversicherung
abschließen. Haben beide bereits einen Vertrag, sollte
man die jüngere Police sofort kündigen und den Partner in
die ältere einschließen lassen; eine bestimmte Frist muss
nicht eingehalten werden.

Die Haftpflichtpolice sollte pauschal Personen- und Sach-
schäden bis mindestens 3 Millionen Euro abdecken und
möglichst eine sogenannte Forderungsausfalldeckung
enthalten. Die ist wichtig, falls derjenige, der Ihnen einen
Schaden zufügt, weder versichert ist noch zahlen kann.
Dann übernimmt Ihre eigene Haftpflicht die Ihnen ent-
standenen Kosten. Insgesamt müssen Sie für einen sehr
guten Schutz mit einem Beitrag zwischen 60 und 160 Euro
pro Jahr rechnen. Billiger wird es bei jährlicher Zahlung
und einer Selbstbeteiligung. Sie lohnt sich in der Regel
jedoch nicht, da Sie dann alle kleineren Schäden selbst
bezahlen müssen. Übrigens sind Radfahrer generell über
die private Haftpflicht abgesichert, Hobbyfußballer während eines Fußballspiels dagegen nicht, da in der Regel
kein Schadenersatzanspruch gegeben ist. Dann muss die
private Haftpflichtversicherung auch nicht zahlen.

Zusammengefasst: Eine private Haftpflichtversicherung gehört zu den wichtigsten Versicherungen – auch für Studierende. In der Regel gelten die Policen der Eltern während der ersten Ausbildung auch für die Kinder. Günstige sehr gute Angebote gibt es ab rund 60 Euro jährlich.

■ Private Unfallversicherung
Studenten sind während der Zeit, die sie in der Uni verbringen, sowie auf dem Weg dorthin und zurück automatisch über die gesetzliche Unfallversicherung abgesichert. Das gilt sogar für den Hochschulsport. Interessant wird es, wenn jemand in seiner Freizeit viel Sport treibt. Denn die meisten Unfälle passieren bei Beschäftigungen wie Fußball, Handball oder Inlineskaten. Diese Risiken sichert – wie auch Extremsportarten – eine private Unfallversicherung ab. Es ist für manche also durchaus sinnvoll, darüber vorzusorgen. Allerdings sollte man wissen, dass der Versi-

cherte von der privaten Unfallversicherung in der Regel
nur dann Geld bekommt, wenn er durch einen Unfall einen
bleibenden Gesundheitsschaden erleidet – sprich invalid
ist. Bei Verletzungen, die wieder vollkommen verheilen,
gibt es – wenn überhaupt – Schmerzensgeld. Das Gute an
der privaten Unfallversicherung ist, dass sie im Fall der
Fälle unabhängig davon zahlt, ob andere Versicherungen
auch leisten. Das kann also bedeuten, dass Sie zusätzlich
zur Leistung der gesetzlichen Unfallversicherung noch
durch die private entschädigt werden: selbst dann, wenn
jemand anderes haftbar ist und Ihnen Schadenersatz leisten muss.

» Gesetzliche Unfallversicherung

In Deutschland gehört die gesetzliche Unfallversicherung
zur Sozialversicherung. Darin kann man freiwillig oder
pflichtversichert sein. Studierende gehören zur letzteren
Gruppe. Das bedeutet jedoch nicht, dass sie Beiträge
zahlen müssen. Die übernimmt die Institution, die der
Versicherte regelmäßig besucht, in diesem Fall also die
Hochschule.

Wer eine Berufsunfähigkeitsversicherung (⋯⇥ Seite 21 ff.)
hat, kann meist auf den Abschluss einer privaten Unfallversicherung verzichten. Zudem schließen viele Studentenwerke mittlerweile eine Freizeitunfallversicherung
für die von ihnen betreuten Studierenden ab, die bei
Freizeit-, Sport- oder ähnlichen Unfällen bis hin zum
Todesfall auch im Ausland gilt. Am besten fragen Sie beim
Studentenwerk oder AStA nach, ob es das auch an Ihrer
Hochschule gibt.

Zusammengefasst: Eine private Unfallversicherung lohnt
sich gerade für Studenten, die risikoreiche Sportarten wie
Klettern, Riverrafting, Fallschirmspringen oder Mountain-

biking betreiben. Sie gehört nicht zu den wichtigsten Versicherungen, ist aber für diese Gruppe empfehlenswert, insbesondere wenn keine Berufsunfähigkeitsversicherung besteht. Gute Versicherungen gibt es ab 100 Euro jährlich.

■ Berufsunfähigkeitsversicherung

Was passiert, wenn Sie als Student einen schweren Unfall haben und sich nicht mehr selbst versorgen können? Was, wenn Sie Ihr Leben lang arbeitsunfähig sind? Dass Sie in einer solchen Situation nicht allein auf Ihre Eltern angewiesen sind, sichert eine Berufsunfähigkeitsversicherung ab. Denn Auszubildende und Studenten können sich meist nicht auf die gesetzliche Rentenversicherung verlassen, da sie oft keinen Anspruch auf die (ohnehin viel zu geringe) Erwerbsminderungsrente des Staates haben. Dafür muss man im Rahmen einer versicherungspflichtigen Tätigkeit einen beruflich bedingten Unfall erleiden oder mindestens fünf Jahre Mitglied in der gesetzlichen Rentenversicherung gewesen sein und die letzten drei Jahre Beiträge geleistet haben. Gegen Berufsunfähigkeit sind seit 2001 nur noch Personen abgesichert, die vor

» Berufs- und Erwerbsunfähigkeit

Berufsunfähig ist, wer dauerhaft durch andauernde Einschränkung seinen Beruf nicht mehr ausüben kann. Gründe dafür können eine Krankheit, körperliche Verletzung oder ein Kräfteverfall sein, womit gemeint ist, dass ein Mensch zu schwach ist, seinen Beruf auszuüben. Diese Voraussetzungen für eine Berufsunfähigkeit müssen ärztlich festgestellt sein.

Im Vergleich dazu ist die Erwerbsunfähigkeit (auch „Erwerbsminderung" genannt) die Unfähigkeit eines Einzelnen, durch Arbeit seinen Lebensunterhalt verdienen zu können, sei es aufgrund einer geistigen oder einer körperlichen Krankheit. Wer gar keiner Betätigung nachgehen kann, hat also einen Anspruch darauf, seinen Lebensunterhalt aus der Rentenkasse bestreiten zu können.

dem 2. Januar 1961 geboren wurden. Deshalb schadet es
nicht, sich möglichst frühzeitig gegen Berufsunfähigkeit
abzusichern. Allerdings ist so eine Versicherung kost-
spielig. Wichtig ist ein solcher Versicherungsschutz alle-
mal, aber die Frage, inwieweit man alle Eventualitäten
und Risiken ab- und versichern kann, muss jeder für sich
selbst beantworten und danach entscheiden.

Fällt das Votum positiv aus, sind neben den Kosten die
Einstiegshürden ein Problem. Studierende können sich
häufig während der Studienzeit nur gegen Erwerbsun-
fähigkeit absichern. Im Ernstfall bedeutet das, dass ein
Student nur dann Rente bekommt, wenn er überhaupt
keine Tätigkeit mehr ausüben kann: eine hohe Hürde
im Vergleich zur Berufsunfähigkeit. Es ist jedoch in der
Regel möglich, diesen Erwerbsunfähigkeitsschutz gegen
Ende des Studiums, zum Beispiel in den letzten zwei
Semestern oder beim Einstieg in den Beruf, in einen
Berufsunfähigkeitsschutz umzuwandeln. Achten Sie also
am besten schon vor Vertragsabschluss darauf, welche
Möglichkeit Ihnen offensteht.

Inzwischen mehren sich die Anbieter, die künftigen Gut-
verdienern den vollen Schutz bereits ab Beginn des Studiums anbieten. Dann heißt es zugreifen, falls Sie die finanziellen Möglichkeiten haben. Denn je früher Sie eine
Berufsunfähigkeitsversicherung abschließen, desto besser. Je jünger und gesünder Sie sind, umso leichter kommen Sie an einen Vertrag. Wer es einmal geschafft hat
und drin ist, bleibt auch drin und kann beispielsweise
über eine sogenannte Nachversicherungsgarantie seine
(Berufsunfähigkeits-)Rente später ohne erneute Gesund-
heitsprüfung erhöhen. Weil der Preis für den Versicherungsschutz von Faktoren wie Eintrittsalter, Geschlecht,
Vertragslaufzeit, vereinbarter Rentenhöhe und Berufs-
gruppe abhängt, ist schwer zu sagen, was eine Police genau kostet. Sehr gute Angebote für Studenten gibt es von

420 bis über 1.000 Euro jährlich. Macht Ihr Geldbeutel
das derzeit nicht mit, sollte für Sie gelten: bis nach dem
Studium aufgeschoben, aber nicht aufgehoben.

* So finden Sie die passende Versicherung

Genaueres zu den Preisen für eine Berufsunfähigkeitsversicherung finden Sie auf der Homepage der Stiftung
Warentest. Die hat im März 2012 Versicherer auch unter
dem Aspekt getestet, ob sie Studierenden guten Schutz
bieten. Mehr unter **www.test.de**, Stichwort: Berufsunfähigkeit. Hilfe bietet auch das Buch „Berufsunfähigkeit
gezielt absichern", ⸺⸰ hintere Umschlaginnenseite.

Zusammengefasst: Das Geld für eine Berufsunfähigkeitsversicherung haben wohl die wenigsten Studenten.
Unfallversicherungen sind zwar keine Alternative, bieten
aber zumindest punktuellen Versicherungsschutz.

■ Hausratversicherung

Das Leben ist voller Risiken: Dazu gehören auch Brände
oder Diebstahl. Unter anderem für diese Fälle gibt es die
Hausratversicherung. Sie sichert persönliches Eigentum
wie Möbel, Kleidung oder Schmuck ab und zahlt auch,
wenn ein Blitz einschlägt oder bei sonstigen Sturm- und
Leitungswasserschäden. Für Studenten lohnt sich eine
eigene Hausratversicherung in der Regel nicht. Falls die
Eltern eine haben und Sie noch mit Ihrem Hauptwohnsitz
bei ihnen gemeldet sind, ist Ihr Hausrat sowieso darüber
mit abgesichert. Falls nicht, haben die wenigsten Studierenden Wertgegenstände, die sie absichern müssten.

Wer seinen Erstwohnsitz in einem Wohnheim hat und beispielsweise einen Laptop und eine Stereoanlage besitzt,
kann über den Abschluss einer eigenen Police nachden-
ken. Denn eine Hausratversicherung ist nicht besonders

teuer und ersetzt im Schadensfall den Neupreis der
Sachen. Die Höhe der Beiträge hängt von der Stadt und
der Wohngegend ab: Günstige Versicherungen gibt es
bereits ab rund 50 Euro jährlich.

Zusammengefasst: Die Hausratversicherung gehört für
Studenten nicht zu den wichtigsten Versicherungen; es
sei denn, Sie wohnen in einem Wohnheim und besitzen
viele wertvolle Dinge. Haben Ihre Eltern eine, sollten Sie
bei dem Versicherer nachfragen, ob sie auch weiterhin
für Sie gilt, wenn Sie in einem Wohnheim in der Unistadt
leben. Dann heißt es wie in jedem anderen Fall auch: für
den Schadensfall fleißig Quittungen bzw. Belege aufhe-
ben und Fotos von den Besitztümern erstellen.

■ Fahrradversicherung

Ein typisches Utensil des Studentenlebens ist das
Fahrrad, für viele das wichtigste Fortbewegungsmittel
während der Unizeit. Je teurer, desto mehr schmerzt der
Verlust. Knapp eine halbe Million Fahrräder wird jährlich
in Deutschland geklaut. Die Polizei klärt jedoch nur rund
9 Prozent der Diebstähle auf. Grund genug, ein teures
Rad zu versichern. Günstige Anbieter versichern in der
Regel nur gegen Diebstahl. Je mehr Geld Sie zu zahlen
bereit sind, desto mehr Schutz bekommen Sie für Ihren
Drahtesel – auch bei Unfallschäden oder gewaltsamer
Beschädigung. Alles in allem lohnt sich eine spezielle
Fahrradversicherung aber eigentlich nur, wenn das Rad
sehr teuer ist, nachts immer draußen steht oder Sie keine
Hausratversicherung haben, über die das Rad mitver-
sichert ist.

Wie hoch der Beitrag ist, hängt in der Regel vom Wohnort
ab. Lebt der Versicherungsnehmer in einer für Fahrräder
gefährlichen Gegend, steigen die Zuschläge. Für ein
Fahrrad, das rund 500 Euro wert ist, müssen Sie zwischen
50 und 100 Euro im Jahr veranschlagen. Bei 1.000 Euro

Wert sind es sogar zwischen 100 und 160 Euro. In vielen
Fällen fahren Studenten also mit einer Hausratversicherung, die Fahrräder umfasst, billiger. Dann darf der fahr-
bare Untersatz allerdings in der Regel nur nachts draußen
stehen, wenn Sie abends damit unterwegs sind. Sonst
gibt es im Schadensfall kein Geld. Das ist bei speziellen
Fahrradversicherungen anders. Da können Sie Ihr Rad so
oft und so lange vor der Tür stehen lassen, wie Sie wollen.
Ersatz bei Diebstahl gibt es in beiden Fällen übrigens nur,
wenn das Fahrrad abgeschlossen bzw. an einem nicht
beweglichen Gegenstand wie Laternen oder Ähnlichem
angeschlossen war. Ein gutes Schloss ist also die erste
Voraussetzung für Schadenersatz. Und oft verhindert das
schon, dass überhaupt ein Schaden entsteht.

Zusammengefasst: In der Regel brauchen Sie als Student
keine Fahrradversicherung. Die lohnt sich nur, wenn Sie
ein besonders teures Rad haben, das auch über Nacht
draußen steht. Dann können Sie erst einmal bei Ihrer
Hausratversicherung bzw. der Ihrer Eltern nachfragen, ob
das Fahrrad darüber versichert ist. Bei manchen ist das
auch gegen Aufpreis möglich. Kosten bei einem Fahrrad-
wert von 500 Euro: 20 bis 50 Euro im Jahr.

Studiengebühren nach Bundesländern

Obwohl die Bundesregierung 2002 ein gebührenfreies Erststudium im Hochschulrahmengesetz verankern ließ, führten viele Bundesländer ab 2005 allgemeine Studiengebühren ein. Ihre Argumentation: Bildung ist in Deutschland Ländersache, in die sich der Bund nicht einzumischen hat. Kaum zehn Jahre später stampfte mit Niedersachsen das letzte Bundesland zum Wintersemester 2014/2015 die Gebühren wieder ein. Damit ist also das Erststudium hierzulande wieder gebührenfrei.

Studiengebühren – auch „Studienbeiträge" genannt – sind Abgaben, die Studierende entrichten müssen, um studieren zu dürfen. Was an privaten Hochschulen in Deutschland schon lange die Regel ist, war bis 2005 an öffentlichen Hochschulen nicht selbstverständlich. Allerdings sind nicht alle Gebühren so umstritten wie die allgemeinen. Im weiteren Sinne existieren sie schon lange und werden nur nicht als solche bezeichnet. Was von nahezu jedem Studierenden verlangt wird, ist ein Semesterbeitrag. Diese pauschale Abgabe setzt sich aus Beiträgen zu den Verwaltungskosten der Hochschule, für das Studentenwerk und den Allgemeinen Studierendenausschuss (AStA) zusammen. In manchen Hochschulstädten wird darüber zudem ein vergünstigtes Semesterticket finanziert. Außerdem werden häufig Gebühren für die Immatrikulation oder Rückmeldung erhoben, ebenso wie für Aufbau-, Zusatz-, Ergänzungs- oder Zweitstudien. Auch Senioren oder Gasthörer sitzen an den meisten Hochschulen nicht kostenfrei im Hörsaal und manche Bundesländer erheben Langzeitstudiengebühren.

»   **„Semesterbeitrag"**

Der Semesterbeitrag, auch „Sozialbeitrag" genannt, ist keine Studiengebühr im eigentlichen Sinn. Er wird von den Unis unabhängig von den Verwaltungsgebühren erhoben. Damit zahlt jeder Student einen Beitrag für Studentenwerk, Studierendenvertretung, Unfallversicherung, gegebenenfalls Semesterticket und andere soziale Einrichtungen der Hochschule. Die Höhe des Semesterbeitrags variiert stark von einer Hochschule zur anderen und hinsichtlich der enthaltenen Leistungen.

Wie hoch diese derzeit sind, ist im Folgenden zusammengefasst, damit Sie den Überblick behalten und sich auch anhand der Gebührenstruktur für oder gegen einen Studienort entscheiden können. Die Informationen beruhen auf dem Stand von Juni 2014, können sich jedoch jederzeit ändern. Aktuelle Informationen finden Sie unter **www.hochschulkompass.de/studium**.

Baden-Württemberg

Das südliche Bundesland war ein Vorreiter bei den allgemeinen Studiengebühren, schaffte sie jedoch 2012 unter der grün-roten Regierung wieder ab. Dafür wurden im Rahmen des neuen Hochschulgesetzes im März 2014 viele andere Gebühren erhöht. Zudem wurde eine Studiengebühr für weiterbildende Bachelor-Studiengänge eingeführt, die sich an Menschen mit abgeschlossener Berufsausbildung richten. Die Höhe der Gebühr soll vom Aufwand abhängen und kann bei über 3.700 Euro pro Semester liegen. Zukünftig könnten von allen Studierenden auch bis zu 100 Euro für Auswahlgespräche und Studierfähigkeitstests verlangt werden, bei Eignungs- oder Begabtenprüfungen sind es sogar bis zu 200 Euro. Weitere Infos unter **www.studieninfo-bw.de**.

Kurzüberblick Studiengebühren Baden-Württemberg (pro Semester)

Verwaltungskosten	60 €
Semesterbeitrag	bis 88 €
Langzeitstudium	–
Berufsbegleitendes/weiterbildendes Bachelor-/Masterstudium	variieren; ggf. mehrere Tausend Euro
Gasthörer	variieren; bis 300 €
Sonstige	0 bis 200 € für Externenprüfungen, Studierfähigkeitstests, Auswahlgespräche

Bayern

In Bayern wurden die allgemeinen Studiengebühren zum Wintersemester 2013/2014 abgeschafft. Das bedeutet, dass Bachelor- und Masterstudiengänge in Voll- oder Teilzeit grundsätzlich nichts kosten. Nach wie vor können die Hochschulen jedoch Geld für berufsbegleitende – also weiterbildende – Studiengänge verlangen, und das tun sie auch nicht zu knapp. Da das Bayerische Hochschulgesetz die Gebühren nicht gedeckelt hat, werden für einen Bachelor häufig über 2.000 Euro pro Semester fällig; in ingenieur- oder naturwissenschaftlichen Fächern sind es sogar bis zu 3.000 Euro. Gleiches gilt für Master-Studiengänge. Außerdem fallen beispielsweise Gebühren für die Bewerbung an einer Kunsthochschule oder Auswahlgebühren für Studierende von außerhalb der EU an. Weitere Infos finden Sie unter **www.studieren-in-bayern.de** sowie **www.weiter-studieren-in-bayern.de**.

Kurzüberblick Studiengebühren Bayern (pro Semester)

Verwaltungskosten	–
Semesterbeitrag	bis 127 €
Langzeitstudium	–
Berufsbegleitendes/weiterbildendes Bachelor-/Masterstudium	variieren; ggf. mehrere Tausend Euro
Gasthörer	variieren; bis 300 €
Sonstige	Bewerbungsgebühren an Kunsthochschulen; Auswahlgebühren für Nicht-EU-Bürger

Berlin

Das Land Berlin erhebt weder Studiengebühren für Diplom-, Magister-, Bachelor-, Staatsexamens- noch für anschließende Masterstudiengänge. Anders sieht es bei weiterbildenden, berufsbegleitenden Studiengängen aus, bei denen die Gebühren pro Semester in die Tausende gehen können. Wer seinen Hauptwohnsitz nach Berlin verlegt, darf sich über 50 Euro Begrüßungsgeld freuen. Weitere Infos finden Sie unter **www.studieren-in-bb.de**.

Kurzüberblick Studiengebühren Berlin (pro Semester)

Verwaltungskosten	50 €
Semesterbeitrag	bis 250 €
Langzeitstudium	–
Berufsbegleitendes/weiterbildendes Bachelor-/Masterstudium	variieren; ggf. mehrere Tausend Euro
Gasthörer	variieren; bis 210 €
Sonstige	–

Brandenburg

Außer Verwaltungsgebühren und Semesterbeitrag werden in Brandenburg nur Gebühren von Gasthörern und für Aufbaustudien erhoben. Das Begrüßungsgeld hat das Land Brandenburg zum Wintersemester 2013/2014 eingestampft. Nur in Brandenburg an der Havel sowie in Wildau werden weiterhin 100 Euro im Kalenderjahr für die Dauer des Studiums gezahlt. Weitere Infos unter **www.studieren-in-bb.de**.

Kurzüberblick Studiengebühren Brandenburg (pro Semester)

Verwaltungskosten	51 €
Semesterbeitrag	bis 250 €
Langzeitstudium	–
Berufsbegleitendes/weiterbildendes Bachelor-/Masterstudium	variieren; ggf. mehrere Tausend Euro
Gasthörer	variieren; 100 bis 400 €
Sonstige	–

Bremen

Wer in Bremen studiert, erhält mit der Einschreibung ein einmaliges Studienguthaben in Form von 14 gebühren-freien Semestern. Sämtliche Hochschulsemester, die bereits in EU-Staaten studiert wurden, werden davon ab-gezogen – es sei denn, es wurden Studiengebühren be-zahlt. Über 55-Jährige werden immer zur Kasse gebeten. Ab dem 15. Hochschulsemester verlangt der Stadtstaat 500 Euro Langzeitstudiengebühr. Wer seinen Hauptwohn-sitz nach Bremen verlegt, darf sich über 150 Euro Begrü-ßungsgeld freuen. Weitere Infos unter www.bremen.de/studium und www.uni-bremen.de/studiengebuehren.

Kurzüberblick Studiengebühren Bremen (pro Semester)

Verwaltungskosten	50 €
Semesterbeitrag	bis 220 €
Langzeitstudium	500 € ab dem 15. Semester
Berufsbegleitendes/weiterbildendes Bachelor-/Masterstudium	variieren
Gasthörer	variieren; 100 bis 300 €
Sonstige	500 € für Senioren ab dem 55. Lebensjahr

[] Was ist ein Studienkonto?

Bei Studienkonten hat jeder Student ein bestimmtes Freikontingent an Semesterwochenstunden oder Fach-semestern, das er nach und nach verbraucht. Der Umfang entspricht genau dem, was nötig ist, um das Studium erfolgreich abzuschließen. Ist das Konto „leer", muss sich der Studierende neue Stunden oder Semester dazukaufen.

Hamburg

Zum Oktober 2012 wurden die allgemeinen Studiengebühren abgeschafft. Das bedeutet, dass in Hamburg derzeit nur noch Verwaltungskosten und Semesterbeiträge
bezahlt werden müssen. Auch Weiterbildungsstudiengän-
ge lassen sich die Hochschulen des Stadtstaates bezahlen. Weitere Infos unter **www.wissenschaft.hamburg.de**.

Kurzüberblick Studiengebühren Hamburg (pro Semester)

Verwaltungskosten	50 €
Semesterbeitrag	bis 235 €
Langzeitstudium	–
Berufsbegleitendes/weiterbildendes Bachelor-/Masterstudium	variieren
Gasthörer	bis 102 €
Sonstige	–

Hessen

Auch in Hessen wurden die allgemeinen Studiengebühren wieder abgeschafft. So müssen Studierende derzeit nur einen Verwaltungskostenbeitrag in Höhe von 50 Euro plus einen Semesterbeitrag von bis zu 294 Euro zahlen. Weitere Infos: **www.wissenschaft.hessen.de/studium**.

Kurzüberblick Studiengebühren Hessen (pro Semester)

Verwaltungskosten	50 €
Semesterbeitrag	bis 294 €
Langzeitstudium	–
Berufsbegleitendes/weiterbildendes Bachelor-/Masterstudium	variieren
Gasthörer	bis 500 €
Sonstige	–

Mecklenburg-Vorpommern

Es fallen keine Studiengebühren für Diplom-, Magister-, Bachelor-, Staatsexamens- und daran anschließende Masterstudiengänge an. Allerdings erheben manche Hochschulen Gebühren für weiterbildende (nicht konsekutive) Studiengänge sowie für berufsbegleitende Fernstudiengänge. Seit dem Wintersemester 2009/2010 steht es ihnen zudem frei, ob, in welcher Höhe und für welche Leistungen sie Verwaltungsgebühren von bis zu 50 Euro pro Semester erheben. Weitere Infos unter **www.studieren-mit-meerwert.de**.

Kurzüberblick Studiengebühren Mecklenburg-Vorpommern (pro Semester)

Verwaltungskosten	bis 50 €
Semesterbeitrag	bis 135 €
Langzeitstudium	–
Berufsbegleitendes/weiterbildendes Bachelor-/Masterstudium	variieren
Gasthörer	bis 360 €
Sonstige	–

Niedersachsen

Zum Wintersemester 2014/2015 schaffte Niedersachsen als letztes deutsches Bundesland die allgemeinen Studiengebühren in Höhe von 500 Euro pro Semester wieder ab. Die Langzeitstudiengebühren bleiben jedoch bestehen – wenn auch in abgeschwächter Form. Ab dem siebten Semester über der Regelstudienzeit müssen Studierende 500 Euro statt der bisher gestaffelten 600 bis 800 Euro zahlen. Senioren über 60 Jahre werden nach wie vor mit 800 Euro pro Semester zur Kasse gebeten. Und auch für weiterführende Studiengänge fallen Kosten an. Weitere Infos unter www.studieren-in-niedersachsen.de.

Kurzüberblick Studiengebühren Niedersachsen (pro Semester)

Verwaltungskosten	75 €
Semesterbeitrag	bis 270 €
Langzeitstudium	ab WS 2014/2015: 500 € ab dem 7. Semester über Regelstudienzeit
Berufsbegleitendes/weiterbildendes Bachelor-/Masterstudium	variieren
Gasthörer	bis 250 €
Sonstige	800 € für Senioren über 60 Jahre

Nordrhein-Westfalen

Seit dem Wintersemester 2011/2012 kann auch in Nordrhein-Westfalen wieder kostenfrei studiert werden. Es werden keine Verwaltungsgebühren erhoben, sondern nur ein Semesterbeitrag und Gebühren von Gasthörern. Weitere Infos unter **www.studium-in-nrw.de** sowie **www.wissenschaft.nrw.de/studium**.

Kurzüberblick Studiengebühren Nordrhein-Westfalen (pro Semester)

Verwaltungskosten	–
Semesterbeitrag	bis 267 €
Langzeitstudium	–
Zweitstudium	bis 100 €
Berufsbegleitendes/weiterbildendes Bachelor-/Masterstudium	–
Gasthörer	bis 125 €
Sonstige	–

Rheinland-Pfalz

2011 wurden in Rheinland-Pfalz die sogenannten Studienkonten abgeschafft und ein erster Bachelor sowie daran anschließender Master sind damit kostenlos – unabhängig von der Studiendauer. Nur für ein Zweitstudium (also ein weiteres Studium nach einem erfolgreich abgeschlossenem ersten) oder ein Seniorenstudium ab 60 Jahren verlangen die Hochschulen nach wie vor Gebühren in Höhe von 650 Euro pro Semester. Weitere Infos unter www.mbwwk.rlp.de/wissenschaft, Menüpunkt „Studieren in Rheinland-Pfalz.

Kurzüberblick Studiengebühren Rheinland-Pfalz (pro Semester)

Verwaltungskosten	–	
Semesterbeitrag	bis 283 €	
Langzeitstudium	–	
Zweitstudium	650 €	
Berufsbegleitendes/weiterbildendes Bachelor-/Masterstudium	–	
Gasthörer	bis 250 €	
Sonstige	650 € für Senioren über 60 Jahre	

Saarland

Das Erststudium mit anschließendem Masterstudium ist auch im Saarland kostenlos. Gebühren fallen allerdings für Weiterbildung an – abhängig vom Studiengang. Senioren werden mit 400 bis 500 Euro pro Semester zur Kasse gebeten. Grundsätzlich hat jede Hochschule die Möglichkeit, bis zu 400 Euro Gebühren für ein Langzeit- oder Zweitstudium zu erheben. Zumindest die Universität des Saarlands macht davon Gebrauch und verlangt für Letzteres 200 Euro. Weitere Infos: **www.saarland.de/5350.htm**.

Kurzüberblick Studiengebühren Saarland (pro Semester)

Verwaltungskosten	–
Semesterbeitrag	bis 186 €
Langzeitstudium	–
Zweitstudium	variieren; bis 400 €
Berufsbegleitendes/weiterbildendes Bachelor-/Masterstudium	variieren
Gasthörer	bis 90 €
Sonstige	bis 500 € für Senioren über 55 Jahre

Sachsen

Seit 2013 werden Bummler in Sachsen mit 500 Euro pro Semester zur Kasse gebeten. Das gilt für alle, die die Regelstudienzeit um mehr als vier Semester überziehen – außer für Härtefälle. Welche Studiendauer gebührenfrei bleibt, entscheidet die Hochschule. Ihr steht es zudem seit dem Wintersemester 2013/2014 frei, für ein weiter- bildendes Zweitstudium sowie von Studierenden aus Nicht-EU-Staaten Gebühren zu verlangen. Letztere bittet beispielsweise die HMT Leipzig mit 1.800 Euro pro Se- mester zur Kasse, ein Stipendienprogramm ist eingerich- tet. Weitere Infos unter **www.studieren.sachsen.de** und **www.pack-dein-studium.de**.

Kurzüberblick Studiengebühren Sachsen (pro Semester)

Verwaltungskosten	–
Semesterbeitrag	bis 243 €
Langzeitstudium	500 € ab dem 5. Semester über Regelstudienzeit
Berufsbegleitendes/wei- terbildendes Bachelor-/ Masterstudium	variieren
Gasthörer	bis 70 €
Sonstige	variierende für Studierende aus Nicht-EU-Staaten; Senioren: bis 50 €

Sachsen-Anhalt

Bummler werden in Sachsen-Anhalt bereits seit Wintersemester 2005/2006 zur Kasse gebeten. Wer länger als vier Semester über Regelstudienzeit studiert, muss 500 Euro Langzeitgebühr zahlen. Dabei zählen nicht nur die Fach-, sondern alle Semester. Die Hochschulen können zudem für Weiterbildungs-, Aufbau- und Zweitstudiengänge Gebühren erheben, ebenso für das Studium von Senioren. Weitere Infos unter **www.platzfuertalente.de**.

Kurzüberblick Studiengebühren Sachsen-Anhalt (pro Semester)

Verwaltungskosten	–
Semesterbeitrag	bis 93 €
Langzeitstudium	500 € ab 5. Semester über Regelstudienzeit
Berufsbegleitendes/weiterbildendes Bachelor-/ Masterstudium	variieren; ab 500 €
Gasthörer	50 €
Sonstige	Senioren: 30–50 €; ab 60 Jahre für grundständige Studiengänge: 500 €

Schleswig-Holstein

Das nördlichste Bundesland erhebt keinerlei Studiengebühren in Bachelor- und konsekutiven Master-Studiengängen. Ein Zweitstudium ist kostenlos, die Gebühren für ein Aufbaustudium kann jede Hochschule selbst festlegen. Weitere Infos unter www.schleswig-holstein.de/wissenschaft, Menüpunkt „Studieren in Schleswig-Holstein".

Kurzüberblick Studiengebühren Schleswig-Holstein (pro Semester)

Verwaltungskosten	ggf. 50 € Immatrikulationsgebühr
Semesterbeitrag	bis 118,50 €
Langzeitstudium	–
Berufsbegleitendes/weiterbildendes Bachelor-/Masterstudium	variieren
Gasthörer	bis 100 €
Sonstige	–

Thüringen

Bereits seit 2003 müssen Studenten in Thüringen zahlen, wenn sie für ihr Studium zu lange brauchen: 500 Euro ab dem fünften Semester über Regelstudienzeit. Will jemand ein zweites Studium dranhängen, werden die Regelstudienzeiten beider Studiengänge zusammengezählt. Die Gebühr fällt nur für die Semester an, die man länger braucht. Voraussetzung ist allerdings, dass man das Erststudium mit überdurchschnittlichen Noten abgeschlossen hat oder ein Zweitstudium zwingend notwendig ist. Weitere Infos unter **www.thueringen.de/de/hochschulen**.

Kurzüberblick Studiengebühren Thüringen (pro Semester)

Verwaltungskosten	–
Semesterbeitrag	bis 187 €
Langzeitstudium	500 € ab dem 5. Semester über Regelstudienzeit
Zweitstudium	500 € ab dem 5. Semester über der Summe der Regelstudienzeiten
Berufsbegleitendes/weiterbildendes Bachelor-/Masterstudium	variieren
Gasthörer	bis 100 €
Sonstige	–

Übersicht: So viel müssen Sie pro Semester in den einzelnen Bundesländern zahlen

	Sonstige Gebühren
Baden-Württemberg	bis 200 € für Externenprüfungen, Studierfähigkeitstests, Auswahl-gespräche; variierende für berufsbegleitenden Bachelor/Master
Bayern	Bewerbungsgebühren an Kunsthochschulen; Auswahlgebühren für Nicht-EU-Bürger; variierende für berufsbegleitenden Bachelor/Master
Berlin	variierende für berufsbegleitenden Bachelor/Master
Brandenburg	variierende für berufsbegleitenden Bachelor/Master
Bremen	Senioren 500 € ab dem 55. Lebensjahr; variierende für berufsbeglei-tenden Bachelor/Master
Hamburg	variierende für berufsbegleitenden Bachelor/Master
Hessen	variierende für berufsbegleitenden Bachelor/Master
Mecklenburg-Vorpommern	variierende für berufsbegleitenden Bachelor/Master
Niedersachsen	Senioren 800 € ab dem 60. Lebensjahr; variierende für berufsbeglei-tenden Bachelor/Master
Nordrhein-Westfalen	Zweitstudium bis 100 €
Rheinland-Pfalz	Zweitstudium 650 €; Senioren 650 € ab dem 60. Lebensjahr
Saarland	Zweitstudium bis 400 €; Senioren bis 500 € ab dem 55. Lebensjahr; variierende für berufsbegleitenden Bachelor/Master
Sachsen	variierende für Studierende aus Nicht-EU-Staaten; Senioren bis 50 €; variierende für berufsbegleitenden Bachelor/Master
Sachsen-Anhalt	Senioren 30 €; ab 60 Jahre 500 €; variierende für berufsbegleiten-den Bachelor/Master
Schleswig-Holstein	variierende für berufsbegleitenden Bachelor/Master
Thüringen	Zweitstudium 500 € ab dem 5. Semester über der Summe der Regel-studienzeiten; variierende für berufsbegleitenden Bachelor/Master

Stand: Juni 2014

Langzeitstudium	Gasthörer	Verwaltungskosten	Semesterbeitrag
–	bis 300 €	60 €	bis 88 €
–	bis 300 €	–	bis 127 €
–	bis 210 €	50 €	bis 250 €
–	bis 400 €	51 €	bis 250 €
500 € ab dem 15. Semester	bis 100 €	50 €	bis 220 €
–	bis 102 €	50 €	bis 235 €
–	bis 500 €	50 €	bis 294 €
–	bis 360 €	bis 50 €	bis 135 €
ab WS 2014/2015: 500 € ab dem 7. Semester über Regelstudienzeit	bis 250 €	75 €	bis 270 €
–	bis 125 €	–	bis 267 €
–	bis 250 €	–	bis 283 €
–	bis 90 €	–	bis 186 €
500 € ab dem 5. Semester über Regelstudienzeit	bis 70 €	–	bis 243 €
500 € ab dem 5. Semester über Regelstudienzeit	50 €	–	bis 93 €
–	bis 100 €	ggf. 50 €	bis 118,50 €
500 € ab dem 5. Semester über Regelstudienzeit	bis 100 €	–	bis 187 €

Studienfinanzierung

Ausbildungsunterhalt

Da mehr als 90 Prozent der Studierenden in Deutschland finanziell von ihren Eltern unterstützt werden, sind deren Unterhaltszahlungen die wohl wichtigste Säule der Studienfinanzierung. Doch die wenigsten Mütter und Väter wissen, wie viel sie ihren studierenden Kindern eigentlich zahlen müssten, wie der Unterhalt berechnet wird und was sie machen sollen, wenn sie das Geld nicht aufbringen können.

Es wäre schön, an dieser Stelle einfach schreiben zu können, dass Studenten generell Unterhalt von den Eltern zusteht und in welcher Höhe. Doch so leicht ist es nicht. Das deutsche Unterhaltsrecht ist sehr kompliziert, und letzten Endes kommt es immer auf den Einzelfall an. Auf der einen Seite sollen Eltern nicht unnötig finanziell belastet werden, auf der anderen Seite bedürftige Kinder genug zum Leben haben. Eines der Hauptprobleme besteht darin, dass es keine konkreten gesetzlichen Regelungen zum Unterhaltsanspruch gibt.

» §§ 1601 bis 1615 BGB: Verwandtenunterhalt

Nicht nur Eltern, sondern auch Großeltern – also Verwandte in gerader Linie – sind Kindern gegenüber unterhaltspflichtig. Dabei wird zwischen Minderjährigen und Volljährigen unterschieden. Bei Letzteren hängt der Unterhaltsanspruch davon ab, ob sie noch ohne Ausbildung sind, sich in der Erstausbildung befinden oder schon die zweite machen.

Laut Bürgerlichem Gesetzbuch (BGB) sind Eltern grundsätzlich dazu verpflichtet, ihren Kindern Unterhalt zu
leisten. Das gilt übrigens nur für die leiblichen und nicht
für Stiefeltern. Da die Unterhaltspflicht für den Empfänger
kein Freibrief zum Faulenzen sein soll, gibt es Einschränkungen. Beispiel Volljährigkeit: Ein erwachsenes Kind
kann zwar eigentlich keinen finanziellen Zuschuss mehr
erwarten, da ab diesem Zeitpunkt jeder selbst für seinen
Unterhalt aufkommen muss. Doch während einer Ausbildung, also auch eines Studiums, gelten andere Regeln.
Im Folgenden wird näher beleuchtet, welche das sind.
Für den Fall, dass sich die Eltern getrennt haben, wird die
Angelegenheit komplizierter. Noch schwieriger wird es,
wenn ein Student verheiratet oder alleinerziehend ist.
Denn dann kann auch der Ehepartner bzw. der Vater oder
die Mutter des Kindes zur Unterstützung herangezogen
werden.

Der Staat will mit diesem gesetzlichen Unterhaltsanspruch erreichen, dass jedes Kind eine gute Ausbildung
erhält und somit autark werden kann. Gleichzeitig ist der
Nachwuchs jedoch angehalten, die finanzielle Belastung
der Eltern nicht unnötig zu verlängern. Angelegenheiten
wie Unterhaltszahlungen sind in vielen Familien ein heik-
les Thema. Nichtsdestotrotz führt kein Weg daran vorbei.
Viel hängt von guter Kommunikation ab. Daher ist es
keine schlechte Idee, die Eltern während des Studiums
ab und zu darüber zu informieren, wie weit man schon
gekommen ist und was man gerade macht. Das Beste ist,
sich in Ruhe zusammenzusetzen, die Studienkosten zu
überschlagen und sich gemeinsam zu überlegen, ob und
wie sich ein Studium finanzieren lässt.

Wann und wie lange Eltern zahlen müssen

Bis zum 18. Lebensjahr müssen Eltern grundsätzlich zahlen. Danach bleibt es ihnen überlassen, ob sie ihrem Kind weiterhin etwas zum Lebensunterhalt zuschießen wollen. Während der Ausbildung gilt jedoch eine Ausnahme. Denn erst damit wird jemand in die Lage versetzt, sich selbst versorgen zu können. Deshalb sind Eltern auch während eines Studiums bis zum Ende des 25. Lebensjahres in der Pflicht. Selbst dann, wenn sie nicht mit der Ausbildung oder der Studienrichtung einverstanden sind. Im Anschluss daran gilt eine Übergangsfrist von rund drei Monaten, bis endgültig Schluss ist. Die Altersgrenze wurde im Januar 2007 von 27 auf 25 gesenkt. Befinden sich Volljährige nicht mehr in der Ausbildung, können sie nur dann Geld von ihren Eltern verlangen, wenn sie schwer krank oder aufgrund einer Behinderung arbeitsunfähig sind.

Ist die erste Ausbildung beendet, sind die Eltern in der Regel aus dem Schneider. Doch auch hier gelten Ausnahmen. Wenn eine nachfolgende Ausbildung zeitlich und sachlich mit der ersten zusammenhängt, gehen die Gerichte häufig davon aus, dass sie der Weiterbildung im Beruf dient. Dabei ist es völlig egal, ob sie von vornherein feststand. Einzige Voraussetzung: Sie muss relativ zügig auf die erste folgen. Es ist oft sehr schwierig, genau abzugrenzen, was nun unter Weiterbildung fällt und was unter Zweitausbildung. Die Gerichte neigen jedoch zu einer gewissen Großzügigkeit zugunsten der Kinder.

Es soll ja auch Fälle geben, in denen Studenten länger als andere brauchen. Was machen Eltern also, wenn ihre Kinder bummeln? Grundsätzlich sind sie nur bis zum Ende des 25. Lebensjahres in der Pflicht. Darüber hinaus gilt die Regelstudienzeit als Maßstab. Doch die Gerichte prüfen im Zweifelsfall auch, aus welchem Grund das Studium

länger dauert und was den Eltern zuzumuten ist. Wenn ein Student krank ist oder seine Prüfungen nicht besteht, entfällt der Unterhaltsanspruch also nicht automatisch. Das kann erst dann der Fall sein, wenn sich abzeichnet, dass ein erfolgreicher Abschluss unwahrscheinlich ist.

Übrigens – wer als Student Geld erbt oder sonst noch genug auf dem Sparbuch bunkert, kann seine Eltern finanziell nicht in die Pflicht nehmen: Bis das Geld aufgebraucht ist, besteht kein Anspruch auf Unterhalt. Gleiches gilt für ein sogenanntes Parkstudium. Darunter wird die Einschreibung in ein Studienfach verstanden, um damit die Zeit bis zum Wunschstudium zu überbrücken. Solche Zeiträume muss ein Studierender grundsätzlich selbst finanzieren. Zudem müssen Eltern nur bis zum dritten

Fachsemester einen Fachrichtungswechsel akzeptieren. Danach können sie darauf bestehen, dass ihr Kind das erste Studium zu Ende führt, oder die Zahlungen stoppen.

Bar- oder Naturalunterhalt

Es gibt den Bar- und den Naturalunterhalt: Das heißt, dass Studierende nicht automatisch Anspruch auf eine bestimmte Menge Geld von ihren Eltern haben. Die können entscheiden, wie sie ihr Kind unterhalten wollen. Falls sie vorschlagen, Sie sollten während des Studiums bei ihnen wohnen bleiben, können Sie also nicht fordern, dass Sie stattdessen ein Zimmer in einer Wohngemeinschaft finanziert bekommen. Anders sieht es aus, wenn Ihre Eltern sehr weit vom Hochschulort entfernt leben und es für Sie unzumutbar wäre, jeden Tag zu pendeln. Das wäre etwa bei drei Stunden Fahrt täglich der Fall.

[] Was ist Naturalunterhalt?

Bis zu ihrem Schulabschluss haben minderjährige Kinder häufig kein eigenes Einkommen. Sie sind somit bedürftig und müssen von den Eltern unterstützt werden. In der Regel kommen die ihrer Pflicht dadurch nach, dass sie ihrem Kind ein Dach über dem Kopf geben, es verpflegen, kleiden – also rundum versorgen. Diese Form des Unterhalts wird „Naturalunterhalt" genannt. Volljährige unverheiratete Kinder bis zur Vollendung des 21. Lebensjahres haben über diesen Grundanspruch hinaus Anrecht auf ein Taschengeld. Und zwar dann, wenn sie im Haushalt der Eltern leben und sich noch in der allgemeinen Schulausbildung befinden. Darunter fallen beispielsweise Gymnasium und Fachoberschule, nicht aber die Berufsschule.

[] Was ist Barunterhalt?

Wie der Name schon vermuten lässt, wird darunter die Zahlung eines Geldbetrags verstanden. Der Barunterhalt ist die häufigste Unterhaltsform in Deutschland. Studierenden, die nicht bei den Eltern wohnen, steht derzeit ein Unterhalt von monatlich 670 Euro zu. Der notwendige Eigenbedarf – also das, was jedem erwerbstätigen Elternteil mindestens zum Leben bleiben muss – liegt derzeit bei 1.000 Euro, bei Nichterwerbstätigen bei 800 Euro. (Stand: 2014)

Bestehen die Eltern auf Naturalunterhalt, können Sie als Kind entweder versuchen, sie vom Gegenteil zu überzeugen, oder müssen einwilligen. Es sei denn, es gibt gute, nachvollziehbare Gründe, die dagegen sprechen. Darunter fallen beispielsweise körperliche Grausamkeiten, zu wenig Platz in der Wohnung oder ein Hausverbot für Freund oder Freundin. Dann kann beim zuständigen Vormundschaftsgericht beantragt werden, die Entscheidung der Eltern abzuändern. Bei normalen Familienverhältnissen hat ein Student aber in der Regel keine Handhabe gegen den Willen der Eltern.

Wie viel gezahlt werden muss

Es wäre schön, wenn man ein paar Daten in einen Rechner eingeben könnte, der sofort ausspuckt, wie viel Unterhalt einem zusteht. Leider gibt es so etwas nicht, da die Höhe von verschiedenen Faktoren abhängt. Das Bürgerliche Gesetzbuch schreibt lediglich vor, dass der Unterhalt „angemessen" sein muss. Doch was heißt das? Für minderjährige Kinder gibt es eine Regelbetrag-Verordnung. Die gilt jedoch nicht für Volljährige. In den meisten Fällen orientieren sich die Gerichte daher an der sogenannten

Düsseldorfer Tabelle (⤑ Seite 56 f.). Sie ist die wohl bekannteste Tabelle deutscher Oberlandesgerichte, die Richtlinien für die Höhe des Unterhalts veröffentlichen.

>> **§ 1610 BGB: Maß des Unterhalts**

(1) Das Maß des zu gewährenden Unterhalts bestimmt sich nach der Lebensstellung des Bedürftigen (angemessener Unterhalt).

(2) Der Unterhalt umfasst den gesamten Lebensbedarf einschließlich der Kosten einer angemessenen Vorbildung zu einem Beruf, bei einer der Erziehung bedürftigen Person auch die Kosten der Erziehung.

Landet ein Fall vor dem Familiengericht, ermittelt dieses erst einmal das gesamte Einkommen der Eltern, um herauszufinden, was dem Studierenden zusteht. Dabei können Schulden, Beiträge zur Altersvorsorge und Ähnliches steuerlich geltend gemacht werden. Vom berechneten Nettoeinkommen wird ein angemessener Selbstbehalt von 1.200 Euro pro Elternteil abgezogen. Notwendig statt angemessen sind derzeit laut Düsseldorfer Tabelle nur 1.000 Euro (Stand: 1. Januar 2013). Wenn nach Abzug des Eigenbedarfs etwas übrig bleibt, müssen die Eltern ihrem Kind Unterhalt zahlen. Wie viel, hängt unter anderem davon ab, ob es noch zu Hause lebt oder beispielsweise ein eigenes Zimmer in einer WG hat. Als Orientierungswert für ein volljähriges studierendes Kind, das nicht bei seinen Eltern wohnt, gilt ein Regelbedarf von 670 Euro pro Monat. Beiträge zur Kranken- und Pflegeversicherung sowie Studiengebühren sind in diesem Betrag noch nicht enthalten. Im Gegenzug zu dieser Verpflichtung erhalten die Eltern Kindergeld und Steuerfreibeträge vom Staat.

Allerdings ist es nicht so, dass einem Studierenden grundsätzlich dieser volle Betrag zusteht. Denn eigene Einkünfte mindern die Unterhaltspflicht der Eltern entsprechend. In der Regel wird alles vom Bedarfssatz abgezogen, was nebenher verdient wird. Dazu gehören Praktikumsentgelte ebenso wie BAföG, Halbwaisenrente sowie Stipendien. Welche Nebenjobs konkret angerechnet werden, lässt sich nicht pauschal sagen, da das im Ermessen der Richter liegt. Ein wichtiges Kriterium scheint jedoch zu sein, ob sich durch den Job das Studium hinauszögert. In diesem Fall könnte der Richter einen höheren Betrag anrechnen und dem Studierenden damit weniger Unterhalt zusprechen, da die Eltern länger für ihn zahlen müssten.

Was passiert, wenn Eltern nicht zahlen

Leider hängt in manchen Familien der Haussegen schief. So kommt es immer wieder vor, dass Eltern sich weigern, ihre Kinder während der Ausbildung zu unterstützen. Einige reagieren darauf mit: „Ich schaffe das schon allein!" Andere ziehen vor Gericht, um ihren Unterhalt einzuklagen. Wenn Sie so etwas vorhaben, sollten Sie bedenken, dass das nicht gerade zum Familienfrieden beiträgt, eine Menge Zeit und Geld kostet und deshalb wohlüberlegt sein will. Außerdem kann es sein, dass Sie am Ende die Kosten des Rechtsstreits zu tragen haben. Falls Sie verlieren, kommt das nämlich auf Sie zu. Und Prozesskostenbeihilfe gibt es nur bei guten Erfolgsaussichten. Der beste Weg ist also, es erst einmal mit einem Gespräch und einer gütlichen Einigung zu versuchen.

Führt das zu keinem Ergebnis und können Studierende dem Amt für Ausbildungsförderung glaubhaft vermitteln, dass ihre Eltern für die erste Ausbildung nicht zahlen wollen oder keine Formulare ausfüllen, werden sie in dieser Zeit nach § 36 BAföG gefördert. Damit übernimmt das jeweilige Bundesland den Unterhalt und holt sich das Geld eventuell per Klage von den Eltern zurück. So manche Mutter oder mancher Vater hat jedoch bereits lange gezahlt und sieht nicht ein, das Kind nach der ersten Ausbildung noch weiter finanziell zu unterstützen. Durchaus nachvollziehbar, wenn das Kind schon Ende Zwanzig ist oder sein Fachabitur über den zweiten Bildungsweg machen und im Anschluss noch studieren will.

» Düsseldorfer Tabelle

Die unterhaltsrechtliche Tabelle des Oberlandesgerichts Düsseldorf – die Düsseldorfer Tabelle – finden Sie im Internet auf **www.olg-duesseldorf.nrw.de** unter dem entsprechenden Suchbegriff.

Seit dem 1. Januar 2008 wird die für den früheren Ostteil Berlins konzipierte Berliner Tabelle nicht mehr angewendet.

Weisen die Eltern dann nach, dass sie nicht mit dieser Verlängerung rechnen konnten, können sie der Unterhaltspflicht entkommen. Denn auch in diesem Fall springt der Staat mit elternunabhängigem BAföG ein (···⊁ „Wie sich der Fördersatz berechnet", Seite 65 ff.). Gleiches gilt übrigens, wenn jemand fünf Jahre ohne betriebliche Ausbildung oder sechs Jahre mit betrieblicher Ausbildung erwerbstätig war. Denn es wäre wenig sinnvoll, Menschen zur Weiterbildung zu ermutigen und sie dann im Regen stehen zu lassen.

Im Grunde bleiben Studierenden also zwei Möglichkeiten, wenn die Eltern nicht zahlen wollen (abgesehen von der Option, Geld über Stipendien oder aus anderen Töpfen zu bekommen). Geht es um die erste Ausbildung, können Sie zum BAföG-Amt gehen und beantragen, elternunabhängig gefördert zu werden. Weigern sich die Eltern, eine Weiterbildung zu bezahlen, kann das Amt prüfen lassen,

Düsseldorfer Tabelle

Nettoeinkommen des Barunterhaltspflichtigen	Altersstufen in Jahren				Vom Hundertsatz
	0–5	6–11	12–17	ab 18	
bis 1.500	317				100
1.501–1.900	333	383	448	513	105
1.901–2.300	349	401	469	537	110
2.301–2.700	365	419	490	562	115
2.701–3.100	381	437	512	586	120
3.101–3.500	406	466	546	625	128
3.501–3.900	432	496	580	664	136
3.901–4.300	457	525	614	703	144
4.301–4.700	482	554	648	742	152
4.701–5.100	508	583	682	781	160
ab 5.101 nach den Umständen des Falls					

Alle Beträge in Euro
Quelle: Bundesministerium für Familie, Senioren, Frauen und Jugend (BMFSFJ)
Stand: 1. Januar 2013

ob sie überhaupt noch in der Pflicht sind. Das funktioniert über das sogenannte Vorausleistungsverfahren (⸱⸱⸱› „Wie sich der Fördersatz berechnet", Seite 65 ff.). Indem Sie das beantragen, wird Ihnen zunächst unabhängig vom Einkommen der Eltern BAföG ausbezahlt. Stellt sich heraus, dass Ihre Eltern zahlen müssten, holt sich das Amt die Vorausleistung gegebenenfalls von ihnen wieder – notfalls per Gerichtsbeschluss. Wenn von vornherein klar ist, dass Sie keinen Anspruch auf weitere Förderung haben, ist die Beantragung des Verfahrens jedoch unsinnig.

Wie Eltern entlastet werden

Um Eltern finanziell zu entlasten, zahlt ihnen der Staat in der Regel Kindergeld oder räumt Steuerfreibeträge ein, bis der Nachwuchs volljährig ist. Beides gleichzeitig geht

nicht: Die Eltern müssen sich für eines von beiden entscheiden. Wählen sie das Kindergeld, verlängert sich die
Zahlung bis längstens zum Ende des 25. Lebensjahres,
weil der Nachwuchs während der Ausbildung unterstützt
werden muss. Wenn Sie studieren, bekommen Ihre Eltern
für Sie also weiterhin 184 Euro Kindergeld pro Monat
(Stand: 2014). Ab Kind Nummer drei gibt es 190 Euro,
ab dem vierten sogar 215 Euro. Leistet jemand Wehr-,
Zivil- oder Bundesfreiwilligendienst, verlängert sich der
Zeitraum entsprechend.

Außer dem Erststudium wird auch ein Aufbau- und Ergänzungsstudium von der Familienkasse anerkannt, wenn
es mit einer Prüfung abgeschlossen wird. Gleiches gilt
für ein Praktikum – ohne Prüfung. Nicht akzeptiert wird,
wenn das Kind lediglich als Gasthörer an Vorlesungen
oder Übungen teilnimmt. In manchen Fällen haben die
Eltern sogar noch Anspruch auf Kindergeld, wenn ihr Kind
bereits verheiratet ist. Nämlich dann, wenn das Einkommen des Ehepartners so gering ist, dass die Eltern weiterhin Geld zuschießen müssen. Auch in Übergangszeiten,
wie beispielsweise von der Schule bis zum Studienbe-
ginn, wird Kindergeld gezahlt. Vorausgesetzt, dazwischen
liegen maximal vier Monate.

Wer sich neben dem Studium etwas dazuverdient, muss
mittlerweile keine Angst mehr haben, dass dadurch eventuell das Kindergeld gestrichen wird. 2012 wurde im Zuge
des Steuervereinfachungsgesetzes die Einkommensgrenze für Studierende in Höhe von 8.004 Euro gestrichen.
Seitdem bekommen alle, die weder eine Berufsausbildung
noch ein Studium abgeschlossen haben, Kindergeld – unabhängig davon, wie viel sie nebenher jobben und wie viel
Geld sie dabei verdienen. Nach einem abgeschlossenen
Studium ist das nur der Fall, wenn Sie regelmäßig weniger
als 20 Stunden pro Woche jobben oder einer geringfügigen Beschäftigung nachgehen (⋯⋗ „Jobben", Seite 158).

* **Infos zum Kindergeld**

Ausführliche Informationen zum Thema Kindergeld finden Sie auf der Internetseite der Arbeitsagentur unter **www.arbeitsagentur.de**, Menüpunkt „Bürgerinnen & Bürger" › „Familie und Kinder" › „Kindergeld".

Ab der Volljährigkeit steht die Hälfte des Kindergelds grundsätzlich dem Kind zu, obwohl es weiterhin an die Eltern ausbezahlt wird. Weigern diese sich, Unterhalt zu leisten oder zahlen sie weniger an ihr Kind, als sie Kindergeld bekommen, kann die Familienkasse das Geld auf Verlangen auch direkt an das Kind auszahlen. Beantragt wird das Kindergeld übrigens schriftlich bei der zuständigen Familien- und Kindergeldkasse, die in der Regel bei der Arbeitsagentur angesiedelt ist. Jedes Jahr spätestens im Oktober verlangt sie einen Nachweis, dass das Kind noch studiert. Normalerweise reicht dafür die aktuelle Immatrikulationsbescheinigung. Der staatliche Geldsegen endet mit dem Monat, in dem das Kind seine Prüfungsergebnisse bekommt. Auch wenn es danach weiter an der Hochschule immatrikuliert ist.

BAföG

Viele Eltern sind aufgrund ihrer finanziellen Situation nicht in der Lage, ihrem Kind ein Studium zu finanzieren. Damit nicht nur gutsituierte Kinder in den Genuss einer höheren Ausbildung kommen, springt der Staat bei Bedarf mit BAföG ein. Das ist die Abkürzung für „Bundesausbildungsförderungsgesetz" – ein Gesetz, das 1971 eingeführt wurde. Es soll jedem jungen Menschen die Möglichkeit geben, unabhängig von seiner sozialen und wirtschaftlichen Situation eine Ausbildung zu machen, die seinen Fähigkeiten und Interessen entspricht.

[] Was ist BAföG?

Die staatliche Unterstützung von Studenten ist im Bundesausbildungsförderungsgesetz geregelt – üblicherweise BAföG abgekürzt. Umgangssprachlich wird auch die Förderung selbst mit diesem Begriff bezeichnet. BAföG gibt es zur Hälfte als direkten Zuschuss, zur anderen als zinsloses Darlehen, das nach dem Studium an das Bundesverwaltungsamt zurückgezahlt werden muss.

Das BAföG ist eine staatliche Geldleistung, die bisher zu zwei Dritteln vom Bund und zu einem Drittel von den Ländern finanziert wird. Ab 2015 will der Bund die Kosten komplett übernehmen, damit verbunden ist auch eine umfassende Reform des BAföG, die zum Wintersemester 2016/17 wirksam werden soll. Da deren Details noch nicht feststehen, wird im Folgenden der Stand von Juli 2014 dargestellt. Sowohl Schüler als auch Studierende können in den Genuss der Förderung kommen; in diesem Buch geht es jedoch nur um die Förderungsmöglichkeiten für Studenten. Seit 1990 zahlt der Staat kein Volldarlehen mehr, sondern gewährt BAföG zur Hälfte als Zuschuss und zur anderen Hälfte als zinslosen Kredit, der nach dem Studium zurückgezahlt werden muss. Die Höchstgrenze des Rückzahlbetrags liegt derzeit bei 10.000 Euro. Werden Studierende mit einem höheren Betrag gefördert, wird der darüber hinausgehende Teil erlassen. Dennoch lässt sich in der Regel allein über BAföG noch kein gesamtes Studium finanzieren.

Nach Angaben des Statistischen Bundesamts bekamen 2012 671.000 der knapp 2,5 Millionen Studenten in Deutschland BAföG. Seit der Reform 1998, als die Zahl der Geförderten auf einen Tiefstand gesunken war, steigt die Zahl der BAföG-Empfänger insgesamt wieder. Es wurden sowohl die Bedarfssätze als auch die Freibeträge erheblich angehoben. Und es könnten noch mehr Studierende profitieren, da viele ihren Anspruch nicht geltend machen. Vor allem Beträge bis 250 Euro werden zu selten abgerufen, weil Betroffene oft fälschlicherweise davon ausgehen, keinen Anspruch auf Förderung zu haben. Laut BAföG-Statistik wird ein Student in Deutschland derzeit mit durchschnittlich 448 Euro im Monat gefördert. Über den Daumen gepeilt haben Eltern von Studierenden, die teilweise mit BAföG gefördert werden, vor Steuerabzug und Sozialversicherungskosten rund 40.000 Euro pro Jahr zur Verfügung, bei Vollförderung nur rund 20.000 Euro.

Wer gefördert wird

Grundsätzlich können Studierende aller Studiengänge an staatlichen oder privaten Hochschulen und Fachhochschulen BAföG bekommen. Dazu gehört auch ein Vollzeitstudium an einer Fernuniversität. Die Ausbildung muss jedoch mindestens ein halbes Jahr dauern, damit die Förderung überhaupt beantragt werden kann. Da für Studiengänge wie Elektrotechnik oder Maschinenbau sogenannte Vorpraktika vorausgesetzt werden, zahlt der Staat auch dafür. Allerdings nur, wenn sie tatsächlich in der Studien- oder Prüfungsordnung vorgeschrieben sind. Diejenigen, die nur in ein Studium hineinschnuppern möchten oder freiwillig ein Praktikum absolvieren, gehen also beim BAföG leer aus.

Das gilt auch für Studierende, die ein Aufbau- oder Ergänzungsstudium an ihren ersten Abschluss dranhängen wollen. Damit sind eigenständige Studiengänge gemeint, die längstens vier Semester dauern und ein bereits abgeschlossenes Studium ergänzen und vertiefen. Diese werden – bis auf wenige Einzelfälle – seit 1998 nicht mehr mit BAföG gefördert. Welche Ausnahmen gemacht werden, erfahren Sie beim Amt für Ausbildungsförderung, das es in jedem Landkreis und jeder kreisfreien Stadt gibt. Übrigens wird auch eine Promotion nicht mit BAföG gefördert. Wer keine andere Möglichkeit hat, sein Studi-

um zu finanzieren, kann in diesem Fall ein verzinsliches Bankdarlehen beantragen.

Was vorausgesetzt wird

Da BAföG in der Regel abhängig vom Einkommen der Eltern gezahlt wird, lässt sich nicht pauschal sagen, wer Anspruch auf die staatliche Förderung hat und wer nicht. Doch es gibt ein paar grundsätzliche Bedingungen:

Staatsangehörigkeit. Die deutsche Staatsbürgerschaft ist eine Voraussetzung dafür, dass ein Student theoretisch Anspruch auf BAföG hat. In bestimmten Fällen können jedoch auch ausländische Studenten Geld bekommen. Vom Grundsatz her förderungsberechtigt sind Ausländer, die eine Bleibeperspektive in Deutschland haben und bereits gesellschaftlich integriert sind. Das sind unter anderem Personen mit einem Daueraufenthaltsrecht nach dem Freizügigkeitsgesetz/EU, einer Erlaubnis zum Daueraufenthalt-EU oder einer Niederlassungserlaubnis. Da es jedoch unzählige Ausnahmen gibt, fragen Sie am besten bei Ihrem zuständigen BAföG-Amt nach, ob eine davon auf Sie zutrifft.

Eignung. Zudem spielt eine Rolle, ob der Antragsteller die Förderung für das gewählte Studienfach auch verdient hat. In den ersten vier Semestern wird das einfach unterstellt, ab dem fünften Fachsemester jedoch über Leistungsnachweise geprüft. Ist in der Studien- oder Prüfungsordnung eine Zwischenprüfung bereits vor Beginn des dritten Fachsemesters verbindlich vorgeschrieben, hängt schon die Förderung für das dritte und vierte Semester von der Vorlage entsprechender Leistungsnachweise ab. Diese werden von der Hochschule ausgestellt. Doch keine Sorge: In der Regel reicht es völlig aus, wenn Ihr Studium durchschnittliche Fortschritte macht.

Alter. Nur wer sein Masterstudium vor Vollendung des 35. Lebensjahres beginnt, kann in der Regel BAföG beantragen. Dabei ist nicht entscheidend, wann der Antrag gestellt, sondern die Ausbildung begonnen wird: Stichtag ist der Semesterbeginn. In Ausnahmefällen können Studenten auch dann Geld bekommen, wenn sie über 35 sind, beispielsweise wenn sie ihre Ausbildung über den zweiten Bildungsweg machen oder wegen der Erziehung eigener Kinder bisher keine Zeit für ein Studium hatten. Informieren Sie sich bei Ihrem BAföG-Amt, ob das auf Sie zutrifft.

Was verbessert wurde

Durch das 23. Gesetz zur Änderung des BAföG wurde einiges verbessert:

Bedarfssätze. Diese wurden um 2 Prozent und die Freibeträge um 3 Prozent erhöht. Zudem wurden die Sozialpauschalen aktualisiert.

Altersvorsorge. Beiträge zur sogenannten Riester-Rente werden nun bei der Einkommensanrechnung in bestimmtem Umfang zugunsten der Auszubildenden berücksichtigt. Gleiches gilt für deren Altersvorsorgevermögen. Das der Eltern oder Ehepartner bzw. eingetragenen Lebenspartner bleibt von vornherein außer Betracht.

Mietkosten. Zuschläge werden künftig pauschal ohne besondere Nachweise berücksichtigt.

Anrechnung von Stipendien. Begabungs- und leistungsabhängige Stipendien werden bis zu einem Betrag von 300 Euro monatlich nicht auf das Einkommen im Sinne des BAföG angerechnet. Was nicht monatlich gezahlt wird, wird auf den Monatsschnitt umgerechnet.

BAföG-Altersgrenze. Für Masterstudiengänge wurde die allgemeine Altersgrenze, bis zu der eine Ausbildung aufgenommen werden muss, um nach dem BAföG gefördert werden zu können, von 30 auf 35 Jahre angehoben. Wer wegen Kindererziehung erst mit über 30 ein Studium aufnimmt, muss nicht mehr beweisen, dass das der Grund für die Verzögerung war. Zudem verschiebt sich die Altersgrenze gegebenenfalls bis zu dem Zeitpunkt, in dem die Kinder das 10. Lebensjahr vollenden.

Eingetragene Lebenspartnerschaften. Die Partner werden im BAföG Ehepaaren gleichgestellt und deren Einkommen somit bei einem BAföG-Antrag berücksichtigt.

Leistungsnachweise. Der beim BAföG erforderliche Nachweis für die Studienleistungen kann auch auf einer Leistungspunktzahl (ECTS) basieren.

Fachrichtungswechsel. Ein erstmaliger Wechsel der Fachrichtung aus wichtigem Grund führt künftig nicht mehr dazu, dass ein Teil des neuen Studiengangs nur noch mit Bankdarlehen gefördert wird. Es bleibt während der Förderhöchstdauer des gesamten neuen Studiums bei der Normalförderung – also hälftigem Zuschuss und zinslosem Darlehen.

Wie sich der Fördersatz berechnet

■ Bedarf

Gehen wir einmal davon aus, Sie erfüllen die oben genannten formalen Voraussetzungen und hätten somit theoretisch Anspruch auf BAföG. Dann haben Sie leider nur die erste Hürde genommen und sind noch lange nicht auf der Zielgeraden. Denn ob Sie tatsächlich Geld vom Staat bekommen und wenn ja, wie viel, hängt von weiteren

Faktoren ab. Unter anderem auch von Ihrem finanziellen Bedarf während des Studiums.

Der lässt sich recht einfach berechnen, da es dem Staat nicht auf Ihre individuellen Kosten ankommt. Die werden gar nicht erst ermittelt, weil Einzelfallprüfungen zu lange dauern würden. Stattdessen errechnet das BAföG-Amt einen abstrakten Bedarf, also eine Summe, die ein durchschnittlicher Student in Deutschland derzeit für seinen Lebensunterhalt und seine Ausbildung benötigt. Dazu zählen Ausgaben für Lebensmittel, Unterkunft, Kleidung, Lehrbücher und Fahrtkosten. Dieser abstrakte Bedarf setzt sich aus einem Grund- und einem Wohnbedarf zusammen.

Lebt ein Student beispielsweise nicht mehr bei seinen Eltern, sondern in einer WG, hat er in den Augen des BAföG-Amts einen Grundbedarf von 373 Euro und einen Wohnbedarf von 224 Euro. Macht also monatlich 597 Euro. Der Wohnzuschlag von bis zu 72 Euro wurde abgeschafft und durch einen höheren Regelbedarf ersetzt. Mehr Geld gibt es, wenn der Studierende in der gesetzlichen oder einer privaten Krankenversicherung beitragspflichtig versichert ist: Das macht 62 Euro extra – jedoch nicht für familienversicherte Studenten. Für die Pflegeversicherung kommt

Bedarfssätze § 13

Ausbildungsstätten: Höhere Fachschulen, Akademien, Hochschulen			Gesetzliche Grundlage	Betrag im Jahr 2014
1. Unterbringung				
	Zu Hause	Grundbedarf	§ 13 (1) Nr. 2	373 €
		Wohnpauschale	§ 13 (2) Nr. 1	49 €
	Auswärtige Unterbringung	Grundbedarf	§ 13 (1) Nr. 2	373 €
		Wohnpauschale	§ 13 (2) Nr. 2	224 €
2. Krankenversicherungszuschlag			§ 13a	62 €
3. Pflegeversicherungszuschlag			§ 13a	11 €

Quelle: www.das-neue-bafoeg.de   Stand: Juni 2014

noch ein Zuschlag von 11 Euro obendrauf. Alle Zuschläge zusammengerechnet, hat unser Student einen abstrakten Bedarf von 670 Euro. Der Staat nimmt also an, dass er monatlich so viel zum Leben braucht. Hätte unser Beispielstudent noch ein Kind unter 10 Jahre, das in seinem Haushalt lebt, kämen noch 113 Euro Kinderbetreuungszuschlag obendrauf. Für jedes weitere Kind 85 Euro.

■ **Einkommen**
Ob unser Beispielstudent diese monatliche Finanzspritze tatsächlich bekommt, hängt nun davon ab, ob seine eigenen Mittel und die seiner Eltern ausreichen würden, um sein Studium eigenständig zu finanzieren. Aus diesem Grund wird das Einkommen ermittelt, das der Familie dafür theoretisch zur Verfügung stünde. Das wiederum wird dann vom Bedarfssatz abgezogen. Steht ein positiver Betrag unter dem Strich, wird der Studierende in der entsprechenden Höhe mit BAföG gefördert.

>> **Bedarfsberechnung**

Bedarf nach dem BAföG
– anrechenbares Einkommen und Vermögen des Auszubildenden
– anrechenbares Einkommen des Ehepartners und der Eltern

= Förderbetrag nach dem BAföG

Aber was zählt alles zum Einkommen? Damit ist nicht das übliche Brutto- oder Nettoeinkommen gemeint, sondern das „Einkommen im Sinne des BAföG". Dazu gehören das Einkommen und Vermögen des Studenten sowie gegebenenfalls das seines Ehepartners oder seiner Eltern. Der Staat geht nämlich davon aus, dass die Familie grundsätzlich unterhaltspflichtig ist. Daher springt er erst dann mit BAföG ein, wenn die finanzielle Belastung für diese unzumutbar wäre. Es wird zwischen elternabhängiger und elternunabhängiger Förderung unterschieden, wobei Letztere eher die Ausnahme bildet.

Elternabhängige Förderung. Zur Berechnung des Fördersatzes wird in der Regel das Einkommen aller Familienmitglieder addiert. Allerdings werden dabei unterschiedliche Zeiträume zugrunde gelegt. Beim Studierenden zählt das Einkommen, das er aktuell – das heißt im Bewilligungszeitraum – zur Verfügung hat. Nicht so bei Eltern und Ehepartner: Da ist entscheidend, wie hoch es im vorletzten Kalenderjahr vor Beginn des Bewilligungszeitraums war. Hintergrund ist, dass das Amt bei der Berechnung an den Steuerbescheid anknüpfen kann. Wird der BAföG-Antrag 2014 gestellt, zählt also das Einkommen von 2012. Ist es seitdem wesentlich gesunken, weil beispielsweise ein Elternteil arbeitslos geworden oder in Ruhestand gegangen ist, kann ein Aktualisierungsantrag gestellt werden. Sollten sich Ihre Eltern weigern, finanziell für Ihre Ausbildung aufzukommen, obwohl ihr Einkommen hoch genug ist, können Sie die Ausbildungsförderung auch als Vorausleistung vom Staat bekommen. So ist sichergestellt, dass Sie Ihr Studium dennoch beginnen können. Damit treten Sie gleichzeitig die Unterhaltsansprüche gegen Ihre Eltern an das BAföG-Amt ab. Das wird dann eventuell versuchen, sich das Geld über den Klageweg von ihren Eltern zurückzuholen.

* Infos zu BAföG im Internet

Mehr Informationen zum Thema elternunabhängige und elternabhängige Förderung finden Sie im gleichnamigen Merkblatt auf der Internetseite **www.das-neue-bafoeg.de**. Die Website wird vom Bundesministerium für Bildung und Forschung betreut.

Elternunabhängige Förderung. Dass bei der Berechnung des BAföG-Fördersatzes das Einkommen der Eltern keine Rolle spielt, ist zwar die Ausnahme, kommt aber vor. Dann werden nur die Einkünfte des Antragstellers und gegebenenfalls des Ehepartners zugrunde gelegt.

Das ist dann der Fall, wenn:

- der Aufenthaltsort der Eltern unbekannt ist,
- die Eltern im Ausland leben und rechtlich oder tatsächlich keinen Unterhalt in Deutschland leisten können,
- das Studium nach Ende des 30. Lebensjahres begonnen (und ausnahmsweise dennoch gefördert) wird,
- der Antragsteller nach seinem 18. Lebensjahr schon fünf Jahre erwerbstätig war,
- der Antragsteller eine dreijährige Ausbildung plus drei Jahre Berufstätigkeit vorweisen kann. Bei einer kürzeren Ausbildung muss die Berufszeit entsprechend länger gewesen sein, und Sie müssen sich in dieser Zeit auch selbst finanziert haben.

■ Berechnung

Von diesem „Einkommen im Sinne des BAföG" werden in einem ersten Schritt Steuern und Sozialabgaben abgezogen. Dabei richtet sich das Amt für Ausbildungsförderung in der Regel nach dem Steuerbescheid des Finanzamts. Für ein Haus oder eine Eigentumswohnung können Sonderausgaben geltend gemacht werden. Übrig bleibt das Einkommen, das dem BAföG-Antrag zugrunde gelegt wird. Da auch Eltern jeden Monat etwas zum Leben brauchen, bleiben bestimmte Beträge anrechnungsfrei. Das sind 1.605 Euro, wenn die Eltern verheiratet sind und zusammenleben, 1.070 Euro für einen alleinstehenden Elternteil, 535 Euro für einen Stiefelternteil und 485 Euro, falls es noch Geschwister gibt, die auch finanziell unterstützt werden müssen.

Einkommensfreibeträge § 23 und § 25

	Gesetzliche Grundlage	Betrag im Jahr 2014
1. Grundfreibetrag vom Elterneinkommen (wenn verheiratet und nicht dauerhaft getrennt lebend)	§ 25 (1) Nr. 1	1.605 €
2. Grundfreibetrag für alleinstehende Elternteile und den Ehepartner des Auszubildenden	§ 25 (1) Nr. 2	1.070 €
3. Freibetrag für Ehepartner, der nicht in Eltern-Kind-Beziehung zum Auszubildenden steht, also Stiefeltern	§ 25 (3) Nr. 1	535 €
4. Freibetrag für Kinder und weitere Unterhaltsberechtigte	§ 25 (3) Nr. 2	485 €
5. Freibetrag vom Einkommen des Auszubildenden	§ 23 (1) Nr. 1	255 €
6. Freibetrag für den Ehepartner des Auszubildenden	§ 23 (1) Nr. 2	535 €
7. Freibetrag für jedes Kind des Auszubildenden	§ 23 (1) Nr. 3	485 €
8. Freibetrag von der Waisenrente		
bei Bedarf nach § 12 (1) 1	§ 23 (4) Nr. 1	170 €
bei Bedarf nach den übrigen Regelungen	§ 23 (4) Nr. 1	125 €

Quelle: www.das-neue-bafoeg.de   Stand: Juni 2014

Doch damit ist die Rechnung noch nicht abgeschlossen. Von diesem Betrag werden nochmals 50 Prozent für die Eltern und 5 Prozent für jedes Kind abgezogen. Alle Freibeträge für Kinder gelten nur, wenn sie die Eltern finanziell belasten. Macht jemand die Härtefallregelung geltend, kann ein weiterer Teil des Einkommens anrechnungsfrei bleiben, beispielsweise wenn sich die Eltern um ein behindertes Kind kümmern. Was nach Abzug aller Freibeträge unter dem Strich übrig bleibt, ist der Anrechnungsbetrag, also der Betrag, mit dem nach Ansicht des Staates ein Studium finanziert werden kann. Haben die Eltern mehrere Kinder, die sie zeitgleich unterstützen müssen, wird er gleichmäßig auf alle verteilt.

Da Steuermittel fließen, bekommt nur derjenige Geld, der wirklich bedürftig ist. Daher muss ein Student zuallererst seine Ersparnisse einsetzen, um sein Studium zu finanzieren, nicht jedoch ein Sparguthaben bis zu 5.200 Euro; dieses Schonvermögen wird nicht angetastet. Falls Sie verheiratet sind, erhöht es sich um 1.800 Euro für den Ehepartner und um weitere 1.800 Euro für jedes Kind. Zudem kann über Ferien- und andere Nebenjobs bis zu einem bestimmten Betrag Geld verdient werden, ohne dass das BAföG gekürzt wird. Dieser Freibetrag liegt für Studenten ohne Kind derzeit bei 4.880 Euro brutto im Jahr, macht also durchschnittlich 406 Euro monatlich. Das bedeutet, dass Auszubildende einem Minijob nachgehen können, ohne dass ihnen Geld vom monatlichen Fördersatz abgezogen wird. Dagegen gilt ein Entgelt für ein Praktikum, das nicht in der Prüfungsordnung vorgeschrieben ist, als normales Einkommen.

Wegen der teils komplizierten Berechnung hat das Bundesministerium für Bildung und Forschung auf der Website **www.das-neue-bafoeg.de** Beispiele aufgelistet, wie sich der BAföG-Satz bei unterschiedlichen Voraussetzungen errechnet. Den eigenen Fördersatz können Studierende auf der Seite **www.bafoeg-rechner.de/rechner** selbst ermitteln.

Wie lange gefördert wird

Seit der BAföG-Reform 2001 bestimmt die Regelstudienzeit eines Studienfachs, wie lange ein Student gefördert wird. An Hochschulen sind es meist neun Semester, an Fachhochschulen acht Semester bei Studiengängen mit Praxisteil. Das heißt jedoch nicht, dass das BAföG auch neun Semester lang fließt. Wer beispielsweise in den ersten beiden Semestern jobbt, obwohl er einen Anspruch auf die Förderung hätte, bekäme dennoch nur bis zum neunten Fachsemester Geld vom Staat. Gleiches gilt, wenn die Eltern zu Beginn der Ausbildung zu viel verdienen und deshalb kein BAföG-Anspruch besteht. Machen Sie schwerwiegende Gründe wie eine psychische Krankheit geltend, werden Sie auch nach Ende der Regel-studienzeit finanziell unterstützt. Und zwar so viele Monate, wie Sie Zeit verloren haben.

Was aber, wenn die Förderzeit abgelaufen und das Studium noch nicht beendet ist? Dann sollten Sie zunächst klären, ob Sie nicht doch über die Förderungshöchstdauer hinaus BAföG bekommen können. Falls nicht, können Studenten ein verzinsliches Bankdarlehen aufnehmen, das sich „Hilfe zum Studienabschluss" nennt. Es wird von der KfW-Förderbank gewährt. Der Antrag wird jedoch nicht dort, sondern beim zuständigen Amt für Ausbildungsförderung gestellt und auch entschieden. Geld gibt es für alle, die glaubhaft nachweisen, dass sie innerhalb von vier Semestern nach Überschreiten der Förderhöchstdauer zur Prüfung zugelassen werden. Die Hochschule muss bescheinigen, dass das Studium innerhalb dieser Zeit abgeschlossen werden kann. Die Rückzahlung des verzinslichen Darlehens plus Zinsen beginnt 18 Monate nach Ende der Förderung. Die Raten müssen mindestens 105 Euro betragen und der Gesamtbetrag muss innerhalb von 20 Jahren getilgt werden.

Wie, wann und wo der Antrag gestellt wird

Wie sich das in Deutschland gehört und bei der Verteilung von so viel Geld auch verständlich ist, müssen für die BAföG-Förderung einige Formblätter ausgefüllt werden. Die gibt es bei den Ämtern für Ausbildungsförderung – in den meisten Fällen also beim Studentenwerk der Hochschule – oder können aus dem Internet heruntergeladen werden. Auf www.das-neue-bafoeg.de besteht zum Teil die Möglichkeit, sie online auszufüllen und per E-Mail an das zuständige Amt zu schicken. Wer wofür zuständig ist, wird nach dem Wohn- oder Ausbildungsortprinzip geregelt. Das bedeutet, dass alle Studierenden ihren BAföG-Antrag grundsätzlich beim Amt für Ausbildungsförderung an ihrem Hochschulort stellen müssen.

Beim Erstantrag sind drei Formblätter auszufüllen. Der Bewilligungs- bzw. Ablehnungsbescheid trifft dann in der Regel zwei bis sechs Wochen später ein.

Formblatt 1 ist das eigentliche Antragsformular, auf dem Angaben zum Einkommen und zum Vermögen gemacht werden. Auf der dazugehörigen Anlage ist Platz für Informationen zum schulischen und beruflichen Werdegang oder den Antrag auf Kinderbetreuungszuschlag, sofern Sie Kinder haben. **Formblatt 2** ist die Bescheinigung über den Besuch der Hochschule. Alternativ können Sie auch einen Immatrikulationsnachweis einreichen. Das **Formblatt 3** ist für Eltern oder Ehepartner bestimmt: Dort werden Angaben zu deren persönlichen und wirtschaftlichen Verhältnissen gemacht. Alle weiteren Formblätter sind für Einzelfälle reserviert: **Formblatt 5** beispielsweise für Leistungsnachweise, die Sie spätestens ab dem fünften Fachsemester erbringen müssen.

Auch mithilfe der Ausfüllhinweise ist es nicht ganz einfach, die Formblätter ordnungsgemäß zu bearbeiten. Doch keine Panik: Sie können sich in diesem Fall ruhig an das Studentenwerk wenden und um Hilfe bitten. Die Mitarbeiter unterstützen Sie. An manchen Universitäten bzw. Fachhochschulen bietet auch der Allgemeine Studierendenausschuss (AStA) eine Beratung zum BAföG an.

Wenn Sie unsicher sind, ob Sie überhaupt BAföG bekommen können, sollten Sie frühzeitig einen Antrag auf Vorabentscheidung stellen. Dann kann Ihnen das Amt schon frühzeitig verbindlich sagen, ob Sie „dem Grunde nach" förderungswürdig sind oder nicht. Es geht dabei weder um die Höhe des BAföG noch darum, ob eltern-abhängig oder -unabhängig gefördert wird. Sie haben dadurch lediglich die Gewissheit, dass Sie Geld vom Staat bekommen können und damit Ihre Ausbildung teilweise finanziert ist. Das Amt ist jedoch nur für ein Jahr an die

} Beispiel: Hanna, 24 Jahre, Studentin, auswärts wohnend

Hanna studiert Medizin und wohnt in einem Wohnheim. Sie ist bei ihren Eltern bei-tragsfrei in der Kranken- und Pflegeversicherung mitversichert. Ihr Bruder Alexander absolviert eine Ausbildung zum Bankkaufmann und erhält dafür eine monatliche Aus-bildungsvergütung von 733 Euro. Der Vater ist Hausmann. Die Mutter ist Angestellte und hatte vor zwei Jahren ein Bruttojahreseinkommen von 35.470 Euro. Sie zahlt in eine Riester-Rente ein.

Berechnung des Einkommens der Mutter im Sinne des BAföG	
Einkünfte aus nicht selbstständiger Arbeit	2.955,83 €
– Werbungskosten (mindestens ¹⁄₁₂ des jährlichen Arbeitnehmer-pauschbetrags von 920 €; demnächst 1.000 €)	– 76,67 €
	2.879,16 €
– Sozialpauschale (21,3 Prozent bis zum Höchstbetrag von monatlich 1.008,33 €)	– 613,26 €
– tatsächlich geleistete Steuern (einschließlich Kirchensteuer und Solidaritätszuschlag)	– 261,10 €
– „Riester-Rente"	– 74,57 €
= Einkommen im Sinne des BAföG	**1.930,23 €**

Berechnung des Einkommens von Alexander im Sinne des BAföG	
Ausbildungsvergütung	733,00 €
– Freibetrag (nach Tz 21.1.32 BAföGVwV)	– 138,05 €
= anzurechnende Einnahmen im Sinne des BAföG	**594,95 €**

Vorabentscheidung gebunden. Sie müssen Ihr Studium
also innerhalb dieses Zeitraums aufnehmen.

Sie sollten Ihren BAföG-Antrag möglichst zeitig stellen,
damit Sie nicht zu Beginn Ihrer Ausbildung ohne Geld
dastehen. Denn BAföG wird frühestens ab dem Zeitpunkt
der Antragstellung gezahlt, jedoch niemals rückwirkend.

So errechnet sich Hannas BAföG-Fördersatz

Bedarfssatz für Hanna				
Grundbedarf Studentin				373,00 €
auswärts wohnend			+	224,00 €
				597,00 €
Einkommen der Eltern im Sinne des BAföG		1.930,23 €		
abzüglich Grundfreibetrag				
– für die Eltern	1.605,00 €			
– für Alexander (der Freibetrag von 485 € mindert sich um sein eigenes Einkommen von 594,95 €) *	± 0,00 €			
	1.605,00 €	– 1.605,00 €		
		325,23 €		
Zusatzfreibetrag 55 Prozent (50 Prozent für die Eltern und 5 Prozent für Alexander)	162,62 €	– 162,62 €		
Anrechnungsbetrag vom Elterneinkommen		162,61 €	–	162,61 €
= Förderungsbetrag				**434,39 €**

Hanna erhält Förderungsleistungen von monatlich 434 Euro (gerundet). Die eine Hälfte ist ein Zuschuss von 271 €, die andere ein Staatsdarlehen.

* Grundsätzlich wird ein Freibetrag für Alexander gewährt, da er nicht in einer nach dem BAföG förderungsfähigen Ausbildung steht.

Quelle: Bundesministerium für Bildung und Forschung, **www.das-neue-bafoeg.de**

Formblätter

Bezeichnung	einzureichen
Formblatt 1: Antrag auf Ausbildungsförderung	Immer
Anlage 1 zum Formblatt 1: Schulischer und beruflicher Werdegang	Bei Erstantrag, nach Unterbrechung einer Ausbildung oder bei einem Antrag auf Förderung eines Ausbildungsaufenthalts im Ausland
Anlage 2 zum Formblatt 1: Kinder	Sofern Sie Kinder haben und einen Kinderbetreuungszuschlag beantragen möchten
Formblatt 2: Bescheinigung über den Besuch einer Ausbildungsstätte, die Teilnahme an einem Praktikum	Immer (durch den Faltbogen [Leporello] mit Immatrikulationsbescheinigung der Hochschule ersetzbar)
Formblatt 3: Einkommenserklärung des Ehepartners und/oder der Eltern	Immer (Ausnahme: elternunabhängige Förderung)
Formblatt 4: Zusatzblatt für Ausländer	Bei Erstantrag (nur nach ausdrücklicher Anforderung auszufüllen und vorzulegen)
Formblatt 5: Leistungsnachweis	Grundsätzlich ab dem 5. Fachsemester (teilweise schon ab dem 3. FS)
Formblatt 6: Antrag auf Ausbildungsförderung im Ausland	Im Fall eines Studiums oder Praktikums im Ausland
Formblatt 7: Aktualisierungsantrag bei Einkommensänderungen	Nach Bedarf
Formblatt 8: Antrag auf Vorausleistung	Nach Bedarf

Quelle: Bundesministerium für Bildung und Forschung, **www.das-neue-bafoeg.de**

Vorsicht ist bei Falschangaben geboten. Seit 2004 gleichen die BAföG-Ämter ihre Daten automatisch mit dem Finanzamt ab. Kommt heraus, dass Sie oder Ihre Familie falsche Angaben gemacht haben, kann ein Bußgeld in Höhe von 2.500 Euro gegen Sie verhängt werden. Wer bei seinem Antrag trickst, dem droht sogar eine Vorstrafe aufgrund falscher Angaben. Das kann beispielsweise Juristen oder angehende Lehrer ihre Karriere kosten.

In der Regel wird BAföG immer nur für ein Jahr bewilligt. Danach müssen Sie einen Wiederholungsantrag stellen, und zwar möglichst zwei Monate vor Ablauf der Förderung. Andernfalls kann es sein, dass die Zahlung unterbrochen wird. Sollten sich Ihre Einkommensverhältnisse oder die Ihrer Eltern ändern, können Sie übrigens jederzeit einen Änderungsantrag (**Formblatt 7**) stellen.

Was bei Studienabbruch oder Fachwechsel geschieht

Das Ziel des BAföG ist es, jedem bedürftigen jungen Menschen in Deutschland eine Ausbildung zu ermöglichen. Die Betonung liegt hier auf „eine" oder besser gesagt „die erste". Doch was passiert, wenn jemand sein Studium abbricht oder das Studienfach wechselt? Hat er dann noch Anspruch auf die staatliche Förderung?

Diese Frage lässt sich nicht pauschal mit Ja oder Nein beantworten. Doch seit Inkrafttreten des Änderungsgesetzes 2004 ist die Beantwortung einfacher geworden. Seitdem wird angenommen, dass generell ein wichtiger Grund vorliegt, wenn jemand erstmals seine Fachrichtung bis zu Beginn des vierten Fachsemesters wechselt. In diesem Fall bedarf es keiner weiteren Begründung: BAföG wird weiterhin gezahlt. Seit 2010 werden die bereits

„verbrauchten" Semester des ersten Studiengangs nicht (mehr) berücksichtigt.

Wer nach dem dritten Fachsemester wechselt oder abbricht und erneut gefördert werden möchte, von dem will das Amt schriftlich eine gute Begründung haben. Zu diesen „unabweisbaren Gründen im Sinne des BAföG" zählen übrigens nicht die Überfüllung vieler Universitäten oder die schlechten Berufsaussichten eines Studienfachs. Es muss schon so etwas wie mangelnde intellektuelle oder körperliche Eignung für ein Fach vorliegen. Ein Abbruch liegt übrigens auch dann vor, wenn Sie die Art der Ausbildungsstätte wechseln: also von einer Universität zu einer Fachhochschule. Der Wechsel des Studienfachs wird „Fachrichtungswechsel" genannt. Bevor Sie sich schriftlich an das Amt wenden, sollten Sie sich ausgiebig informieren und beraten lassen, wie Sie Ihre Entscheidung am besten begründen.

Wie zurückgezahlt wird

Irgendwann kommt der Tag, an dem der Staat sein Geld zurückhaben möchte. Zumindest den zinslosen Darlehensteil. Natürlich ist nur bei demjenigen etwas zu holen, der etwas hat. Will heißen, wenn jemand finanziell dazu in der Lage ist. Deshalb wartet das Bundesverwaltungsamt viereinhalb Jahre, bis es die Feststellungs- und Rückzahlungsbescheide verschickt. Es geht davon aus, dass die meisten ehemaligen BAföG-Empfänger bis dahin die berufliche Einstiegsphase hinter sich haben und somit ein wenig flüssiger sind. Im Bescheid stehen die Höhe des Darlehens sowie die Rückzahlungsrate. Seit 2001 sind die Gesamtschulden des Darlehensteils bei 10.000 Euro gedeckelt. In der Regel ist es so, dass fünf Jahre nach Ende der Förderung in Raten von mindestens 105 Euro pro Monat für längstens 20 Jahre zurückgezahlt wird.

Doch auch wer fünf Jahre nach Beendigung der Förderung wenig verdient, muss keine Angst vor dem Gerichtsvollzieher haben. Hat jemand nur bis zu 1.070 Euro netto monatlich zur Verfügung, kann die Rückzahlung auf Antrag ausgesetzt werden, bis es finanziell (wieder) besser läuft. Diese Einkommensgrenze erhöht sich gegebenenfalls um 535 Euro für einen Ehepartner und 485 Euro für ein Kind, wenn sie mitzuversorgen sind. In manchen Fällen werden die Raten auch vollständig erlassen. Nämlich dann, wenn jemand gar nicht oder nur in geringem Umfang erwerbstätig ist oder ein Kind betreut.

» BAföG-Rückzahlung auf einen Blick

- Seit 2001 ist der Darlehensteil auf maximal 10.000 Euro begrenzt.
- Die Rückzahlungspflicht beginnt fünf Jahre nach Ende der Förderung in Raten von 105 Euro im Monat, zahlbar innerhalb von 20 Jahren.
- Durch vorzeitige Tilgung lässt sich Geld sparen. Je höher der Ablösebetrag, desto höher die erlassene Summe: maximal 50,5 Prozent.
- Bei einem Verdienst von unter 1.070 Euro netto im Monat werden die Rückzahlungsraten ausgesetzt.
- In Härtefällen wird ganz auf die Rückzahlung des Darlehens verzichtet.

Zudem honoriert es der Staat, wenn jemand seine Schuld vorzeitig tilgen möchte. Mit dieser Option lässt sich richtig Geld sparen. Sie müssen nur einen Antrag an das Verwaltungsamt stellen, bevor die Tilgungsfrist beginnt, und dann einen beliebigen Betrag zwischen der Mindestrate und der vollen Darlehenssumme vorzeitig abzahlen. Je höher der Ablösebetrag, desto höher die erlassene Summe: zwischen 8 und 50,5 Prozent.

Wann ein Auslandsaufenthalt gefördert wird

In Zeiten der Globalisierung und eines geeinten Europa
sind Auslandsaufenthalte für Studenten eine Selbstver-
ständlichkeit: ob im Rahmen eines Studiums oder eines
Praktikums. Der Staat greift vielen von ihnen unter die
Arme. Die Zahl der Geförderten, die einen Teil ihrer Ausbildung im Ausland machen, steigt kontinuierlich an.
Die Regierungen der letzten Jahre haben zunehmend auf
diese Veränderungen reagiert und die Möglichkeiten für
studentische Auslandsaufenthalte verbessert.

So können mittlerweile viele Studenten auch für das gesamte Studium an einer ausländischen Hochschule BAföG
bekommen, zumindest in Europa. Denn neuerdings kann
auch eine Ausbildung an Berufsfachschulen, höheren
Fachschulen, Akademien und Hochschulen innerhalb
der EU und der Schweiz von Beginn an bis zum Erwerb
des ausländischen Ausbildungsabschlusses gefördert
werden. Wer eigentlich an einer deutschen Uni studiert
und nur im Rahmen des Studiums für mindestens sechs
Monate oder ein Semester ins Ausland will – auch außerhalb der EU –, wird in der Regel für maximal ein Jahr
gefördert. Liegen besondere Gründe vor, sogar bis zu
zweieinhalb Jahre. Dann überweist das Amt neben der
normalen BAföG-Förderung zusätzlich Geld, um die
Studiengebühren im Ausland zu decken. Das können
bis zu 4.600 Euro je Studienjahr sein. Reisekosten und
Zusatzbeiträge zur Krankenversicherung gehen extra. Die
Auslandszuschläge sind ein Zuschuss, der nicht zurückgezahlt werden muss.

Auch Praktika im Ausland werden gefördert. Sie müssen
jedoch mindestens zwölf Wochen dauern und in der Stu-
dien- oder Prüfungsordnung vorgeschrieben sein. Wen es
über die Grenzen der EU hinauszieht, der wird nur finanziell unterstützt, wenn das Praktikum besonders förderlich

für den Studienerfolg ist. Ein Auslandsstudium oder Praktikum kann durchaus auch dann finanziell gefördert werden, wenn im Inland kein Anspruch auf BAföG besteht. Daher sollten Sie es auf einen Versuch ankommen lassen. Der Antrag geht in diesem Fall an das Auslandsamt der Hochschule und sollte mindestens sechs Monate vor Beginn des geplanten Auslandsaufenthalts gestellt werden.

Studiendarlehen

Außer BAföG und Elternunterhalt gibt es noch weitere Optionen, das Studium zu finanzieren: nämlich über Bildungsfonds oder Studiendarlehen bzw. Studienkredite. Die Angebote sprossen wie Pilze aus dem Boden, nachdem viele Bundesländer angekündigt hatten, Studiengebühren einführen zu wollen. Doch inzwischen haben viele Institute ihre Angebote wieder zurückgezogen.

Die Kredite bzw. Darlehen lassen sich grundsätzlich in drei Gruppen einteilen:

Kredite zur Deckung der Studiengebühren wurden von den staatlichen Förderbanken der Bundesländer angeboten, die seit 2005 Gebühren eingeführt und wieder abgeschafft hatten. Das Geld aus den Darlehen floss in der Regel gar nicht erst auf die Konten der Studierenden, sondern ging direkt an die Hochschulen. Diese staatlichen Kredite boten vor allem Vorteile für BAföG-Empfänger, da die meisten Bundesländer eine sogenannte Kappungsgrenze für die Schulden aus BAföG und Darlehen eingeführt hatten.

Da zum Wintersemester 2014/2015 als letztes Bundesland auch Niedersachsen die allgemeinen Studiengebühren abgeschafft hat, wird diese Art von Kredit vom Markt verschwinden.

Kredite zur Finanzierung der Lebenshaltung. Mit den Angeboten der KfW-Förderbank oder auch privater und öffentlich-rechtlicher Institute kommen Studierende ein Stückchen weiter. Denn dank der monatlichen Auszahlungsraten bis 800 Euro lassen sich die Kosten eines Studentenlebens mehr oder weniger finanzieren. Das hat den Vorteil, dass Studierende unabhängig von den Eltern studieren können, ohne nebenher jobben zu müssen. Durch die Zeitersparnis kann sich der Kredit selbst finanziell lohnen, weil der Berufseinstieg früher erfolgen kann.

[] Was ist eigentlich ein Kredit?

Ein Kredit ist das Eingehen einer Geldschuld mit zeitlich verzögerter Rückzahlung. Er wird auch als Darlehen bezeichnet. Es gibt verschiedene Arten von Krediten, die unterschiedliche Laufzeiten haben. Nach Ende der Auszahlungszeit muss das geliehene Geld samt Zinsen an die Bank zurückgezahlt werden. Der Dispositionskredit, den Sie von Ihrer Bank auf Ihrem Konto eingeräumt bekommen, ist in erster Linie ein Vertrauensbeweis. Erst wenn er tatsächlich in Anspruch genommen wird, entsteht ein Kredit im Sinne eines Rechtsverhältnisses.

Kredite von Bildungsfonds. Davon wird gesprochen, wenn die Finanzierung des Ausfallrisikos von Geldgebern über einen Fonds übernommen wird. Nach einer gewissen Zeit trägt sich das Ganze im besten Fall von selbst, da ja Rückzahlungen hineinfließen. Allerdings nur, wenn es nicht zu viele Ausfälle gibt. Eine solche Förderung wird beispielsweise vom Münchner Finanzdienstleister Career-

Concept oder dem Frankfurter Unternehmen Deutsche
Bildung angeboten. Dabei handelt es sich nicht um einen
klassischen Kredit, sondern um eine Fondsförderung. Bewerber müssen sich in einem strengen Auswahlverfahren
durchsetzen und werden, falls erfolgreich, monatlich mit
bis zu 1.000 Euro für Lebenshaltungskosten plus Studiengebühren gefördert. Das Geld dafür stammt von Anlegern,
die Anteile am Fonds kaufen und später eine ordentliche
Rendite sehen wollen. Der Vorteil dieser Art Förderung ist
das überschaubare Risiko, da die Höhe der Rückzahlung
nach Studienende vom Verdienst abhängt. Bei einem
geringen Einkommen zahlt ein Absolvent also nur eine
geringe Summe zurück in den Fonds.

Welches Darlehen für wen das Beste ist, lässt sich nicht
pauschal sagen. Es gibt nicht „den Kredit": Jeder muss
für sich den richtigen finden. Denn die Wahl hängt unter
anderem von der Lebenssituation, vom Studienfach und
den Vorstellungen des Studierenden ab. Generell gilt: gut
überlegen, ob man überhaupt einen Kredit braucht. Denn
bei allen Anbietern steht einige Zeit nach Ende des Aus-
zahlungszeitraums oder Abbruch des Studiums die Rückzahlung an – egal ob Sie dann noch studieren, arbeitslos
sind oder aus anderen Gründen wenig Geld haben. In
den meisten Fällen ist eine Stundung schwer bis gar nicht
möglich, ebenso wenig eine Reduzierung der Raten. Im
schlimmsten Fall droht Ihnen also eine Privatinsolvenz.

Was versteckt sich hinter den einzelnen Begriffen rund
ums Darlehen? Was sind die Unterschiede? Worauf müssen Sie achten und wovon sollten Sie lieber die Finger
lassen?

Die Begriffe Studiendarlehen und Studienkredit werden
häufig synonym verwendet. Studiendarlehen kann als
Oberbegriff gelten, weil darunter auch Bildungsfonds
fallen. Alle Arten stehen für eine bestimmte Summe Geld,

die ein Studierender während des Studiums zur Finanzierung seiner Lebenshaltungskosten und/oder Studiengebühren von Kreditinstituten bekommt. Das Geld muss wie bei einem normalen Kredit nach dem Studium samt Zinsen zurückgezahlt werden. Die Besonderheit im Vergleich zu einem normalen Kredit ist, dass nicht auf einen Schlag eine große Summe ausbezahlt wird, sondern monatliche Zahlungen geleistet werden.

Studienkredite

Wie das BAföG sind auch die meisten Studienkredite nicht dazu gedacht, darüber ein komplettes Studium zu finanzieren. Sie bieten nur eine weitere finanzielle Stütze neben dem Unterhalt der Eltern oder einem Studentenjob. Kredite landeseigener Förderbanken gibt es ohnehin nur zur Finanzierung von Studiengebühren. Weil Sie bei einem Kredit jedoch immer mit Schulden in den Beruf starten, sollten Sie zuerst alle Alternativen prüfen. Denn mit BAföG oder Stipendien lässt sich ein Studium deutlich günstiger finanzieren.

Am ehesten wird ein Kredit für Studenten infrage kommen, die gerade in der Prüfungsphase stecken und daher nicht viel jobben können. So kann das Studium schneller und unabhängig von den Eltern beendet werden. Nach dem Studium stehen Sie aber mit einem Berg Schulden da. Zudem entscheiden immer noch die Banken, wem sie Geld geben. Nur in manchen Fällen können die Hochschulen ein Wörtchen mitreden.

■ Worauf man achten muss

Angebotscheck. Prüfen Sie die Möglichkeiten von BAföG und Stipendien, bevor Sie ein Darlehen aufnehmen. Diese Alternativen sind immer kostengünstiger. Falls es doch ein Kredit sein soll: Lassen Sie sich von mehreren

Instituten beraten und vergleichen Sie die Angebote. Verlangen Sie eine genaue Kostenaufstellung und nehmen Sie alle Unterlagen mit nach Hause. Bei einem Studium an einer privaten Uni sollten Sie dort fragen, ob es Sondervereinbarungen mit einzelnen Instituten gibt. Diese werden meist nicht veröffentlicht.

Fallen. Bedenken Sie, dass es bei den meisten Angeboten von Privatbanken, Sparkassen und Genossenschaftsbanken keine Verschuldungsgrenzen gibt. So laufen Sie Gefahr, bei Krankheit oder langer Arbeitslosigkeit nach dem Studium in der Schuldenfalle zu landen.

Bedarf. Bevor Sie zur Bank gehen: Stellen Sie Ihre langfristigen Einnahmen und Ausgaben zusammen. So ermitteln Sie Ihren Bedarf und können den Kredit auf das beschränken, was Sie unbedingt benötigen. Sie haben also etwas in der Hand, wenn der Bankberater bei der Kredithöhe „etwas Luft nach oben" vorschlägt.

Konditionen. Fragen Sie vorab, welche Sicherheiten und Leistungsnachweise Sie liefern müssen. Besteht das Institut auf einer teuren Restschuldversicherung, sollten Sie stattdessen bestehende Sicherheiten oder Bürgschaften anbieten. In diesem Punkt können Ihre Eltern helfen: beispielsweise wenn sie eine Bürgschaft für den Kredit übernehmen oder eine Lebensversicherung für Sie abgeschlossen haben. Werden Sie selbst aktiv, können Sie darüber gerade bei kleinen Geldinstituten niedrigere Zinssätze aushandeln.

Verhandlungssache. Gehen Sie nicht unvorbereitet in ein Gespräch. Vergleichen Sie verschiedene Angebote im Internet und beachten Sie, dass die veröffentlichten Konditionen vor Ort oft noch verhandelbar sind. Selbst dann, wenn der Berater immer zuerst die Standardangebote aus der Schublade zieht. Information ist alles.

Flexibilität. Wer während des Studiums auch ins Ausland will, sollte sich vor der Vertragsunterschrift vergewissern, dass die Kreditzusage auch in diesem Fall weiterläuft oder erhöht werden kann. Gleiches sollte für einen Wechsel der Fachrichtung oder an eine Uni in einem anderen Bundesland gelten.

Teure Extras. Vermeiden Sie es, zusätzliche Versicherungen abzuschließen, die den Kredit noch teurer machen. Das gilt insbesondere für Pakete, die neben einer Restschuldversicherung eine Arbeitslosen- und Berufsunfähigkeitsversicherung enthalten. Selbst wenn Sie auf diese Versicherungen nicht verzichten wollen, sind separate Verträge in der Regel günstiger.

Zinssatz. Mit einer variablen Verzinsung Ihres Kredits lässt sich nicht gut planen. Denn die Zinsbelastung kann im Lauf der Zeit höher oder niedriger ausfallen, als Ihnen der Berater vorrechnet. Um auf der sicheren Seite zu sein, sollten Sie daher Verträge mit festem Zinssatz vorziehen, wenn sie Ihnen angeboten werden. Alternative: Bei der KfW-Förderbank können Sie für einen Zeitraum von 15 Jahren zumindest einen variablen Zins mit einer Höchstmarke vereinbaren (⋯⇥ „Internetadressen", Seite 207).

Auszahlbetrag. Wenn die Zinsen gleich von der Auszahlrate abgezogen werden, bekommen Sie bis zum Ende der Förderung monatlich immer geringere Beträge ausgezahlt und haben damit auch weniger zum Leben. Ausgerechnet in der Examensphase – wenn keine Zeit zum Jobben bleibt – gibt es am wenigsten Geld. Deshalb ist es sinnvoller, wenn die Zinsen gestundet werden.

■ KfW-Studienkredit
Details. Die KfW-Förderbank bietet allen Studierenden bis zum 44. Lebensjahr, die ihre Ausbildung nicht über die Eltern finanzieren wollen oder können und denen das

BAföG nicht zum Leben reicht, einen Studienkredit. Er wird unabhängig von Noten und Einkommen vergeben. In den Genuss kommen deutsche Studenten und ihre Familienangehörigen (ungeachtet deren Staatsbürgerschaft), außerdem Bildungsinländer und EU-Bürger samt Angehörigen, die seit mindestens drei Jahren ständig in Deutschland leben. Gefördert werden Erst- und Zweitstudien – also Bachelor-, Diplom-, Magister- und Staatsexamens- sowie postgraduale Studiengänge und Promotionen in Voll- oder Teilzeit. Auch Auslandssemester werden finanziert, wenn der Studierende währenddessen an einer deutschen Hochschule eingeschrieben ist. Außen vor bleiben nur Studierende an Berufsakademien und alle, die komplett im Ausland studieren. Ein Vorteil des KfW-Studienkredits ist, dass er mit anderen Förderprogrammen kombinierbar ist, also beispielsweise mit BAföG (⸰⸰⸰⸰> siehe Seite 60 ff.) oder Bildungskredit (⸰⸰⸰⸰> siehe Seite 98 ff.).

Kredit. Der KfW-Studienkredit dient ausschließlich zur Finanzierung der Lebenshaltungskosten und ist in drei Phasen gegliedert: Auszahlung, Karenz und Rückzahlung. Die Dauer der Auszahlungsphase hängt vom Alter vor Finanzierungsbeginn ab. Sind Sie höchstens 34 Jahre alt, können Sie 14 Semester lang gefördert werden, bis 39 Jahre sind es bis zu zehn Semester und bis 44 Jahre nur noch sechs Fördersemester. Postgraduale Studien oder Promotionen werden generell maximal sechs Semester lang finanziell unterstützt. Pro Monat können Studierende zwischen 100 und 650 Euro bekommen – ohne Sicherheiten und unabhängig von ihrem Einkommen und Vermögen.

Jedes Semester können Sie neu entscheiden, ob und wie viel Geld Sie monatlich brauchen – zumindest innerhalb der Fördergrenzen. Schon mit der ersten Förderrate fallen Zinsen an, die gleich vom Auszahlbetrag abgezogen werden. Sind Sie auf den vollen Betrag angewiesen, können Sie die Zinszahlung auch bis zum Beginn der Tilgungsphase aufschieben – allerdings erst, indem Sie Leistungsnachweise vorlegen. Derzeit liegt der effektive Zinssatz des KfW-Kredits bei 3,33 Prozent. Er ist variabel und wird jedes halbe Jahr zum April und Oktober neu festgelegt. Die Obergrenze liegt momentan bei 8,91 Prozent: Diesen Maximalzinssatz garantiert die KfW für 15 Jahre ab Vertragsabschluss, um Studierenden mehr Planungssicherheit zu geben (Stand: Juni 2014).

» Soll- und Effektivzins

Zinsen sind das Entgelt, das ein Schuldner seinem Gläubiger dafür zahlt, dass er leihweise dessen Geld nutzen darf. Dabei bezeichnet der Nominalzins den für einen Kredit vereinbarten Zinssatz. Der effektive Zinssatz, der mit angegeben werden muss, beziffert die jährlichen Kosten eines Kredits und bezieht sich auf die effektive Auszahlung. Der Effektivzinssatz wird im Wesentlichen vom Nominalzinssatz, dem Auszahlungskurs, der Tilgung und der Zinsfestschreibungsdauer bestimmt.

Rückzahlung. Nach Ende des Studiums folgt die Karenzphase: also 18 bis 23 Monate, in denen Sie den Kredit noch nicht tilgen, sondern nur Zinsen auf den Darlehensbetrag zahlen müssen, falls Sie keinen Zinsaufschub gewählt haben. Auf Wunsch kann diese Phase auf bis zu sechs Monate verkürzt werden. Danach wird die Rückzahlung fällig. Über die Höhe der Raten entscheiden Sie selbst: Das Minimum liegt bei 20 Euro. Für die Tilgung haben Sie längstens 25 Jahre bzw. bis zum 67. Lebensjahr Zeit und währenddessen immer die Möglichkeit, einen Teil oder den gesamten Restbetrag auf einen Schlag zurückzuzahlen. Die KfW schlägt in der Regel einen auf zehn Jahre angelegten Tilgungsplan vor.

Wer mehr Planungssicherheit zumindest während der Rückzahlungsphase haben möchte, kann zu deren Beginn die sogenannte Festzinsoption wählen. Der feste Zins gilt dann für die restliche Rückzahlungszeit – allerdings höchstens zehn Jahre. Wer länger abstottern will oder muss, geht damit also das Risiko ein, dass die Zinsen danach ungünstig hoch stehen.

Antrag. Interessieren Sie sich für den KfW-Studienkredit, sollten Sie zuerst prüfen, ob Sie an einer förderfähigen Hochschule studieren. Das lässt sich herausfinden, indem Sie auf der Internetseite **www.kfw.de/studienkredit** auf den Menüpunkt „Zur Hochschulsuche" klicken. Dort finden Sie auch das Formular „Online-Antrag", das Sie zwar online ausfüllen können, es dann aber in gedruckter Form einem Vertriebspartner der KfW vorlegen müssen. Dazu gehören einige (aber nicht alle) Sparkassen, Volksbanken und Studentenwerke. Alle Anbieter finden Sie unter dem Link „Zur Vertriebspartnersuche". Wichtig: Bei Vertragsabschluss fällt eine einmalige Aufwandsentschädigung für den KfW-Studienkredit von 238 Euro an, die auf den Kreditbetrag aufgeschlagen wird.

Zusammengefasst: Mit der Ausweitung auf Zweit- und Teilzeitstudien hat die KfW ihren Studienkredit zu einem echten Allrounder gemacht. Dank der Anhebung der Altersgrenzen ist er zudem für manche die einzige Möglichkeit, abgesehen von Jobben oder Ersparnissen, ihr Studium zu finanzieren, da bei anderen Krediten in der Regel bei 30 Jahren Schluss ist. Obendrein sind sie oft teuer oder bieten nur eine Teilfinanzierung. Im Vergleich zu den Angeboten anderer Banken bietet der Kredit der staatlichen KfW Studierenden also gute Konditionen. Daher vermitteln ihn immer mehr Geldinstitute, statt eigene Angebote auf den Markt zu bringen. So auch die Commerzbank und die Deutsche Bank, die ihre Studien-

kredite eingestellt haben. Es bietet keine große Privat-
bank mehr einen eigenen Studienkredit an.

■ Sparkassenkredite

Auch die Sparkassen wollen bei der Studienfinanzierung
mitmischen. Da sie autonom sind und jede für sich entscheiden kann, hat der Deutsche Sparkassen- und Giro-
verband lediglich Vorschläge bezüglich der Rahmenbe-
dingungen gemacht. Was die einzelnen Institute letztlich
davon übernehmen und zu welchen Konditionen sie ihre
Studienkredite vergeben, bleibt ihnen überlassen.

[] Welchen Zweck erfüllt die Schufa?

Die Schufa Holding AG ist eine Auskunftsdatei der Privatwirtschaft. Ihr Zweck ist es, ihre Vertragspartner vor Kreditausfällen und – wie sie selbst sagt – die Verbraucher
vor Überschuldung zu schützen. Bevor ein Kredit vergeben
wird, holen die Banken in vielen Fällen bei der Schufa
Erkundigungen über den potenziellen Kunden ein. Hat er
negative Schufa-Einträge, kommt es in der Regel nicht zu
einem Geschäftsabschluss.

Das Verbandsmodell sieht Folgendes vor: Die Sparkassen
sollen bei der Schufa vorab eine Auskunft über den Antragsteller einholen. Wer für seine schlechte Zahlungsmo-
ral bekannt ist, wird also wohl keinen Kredit bekommen.
Auch über 30-Jährige gehen generell leer aus. Zudem soll
jeder Student zusätzlich zum Darlehensvertrag eine Restkreditversicherung (⋯› Kasten Seite 91) abschließen. Weiterhin hat der Sparkassenverband vorgeschlagen, die
Schulden bei Studienkrediten generell bei 25.000 Euro zu
deckeln. Für ein neunsemestriges Studium würde das
eine maximale monatliche Förderung von rund 460 Euro
bedeuten – ohne Zinsen. Bisher bieten die einzelnen

Sparkassen unterschiedliche Konditionen. Im Folgenden sind einige Beispiele aufgeführt.

> **» Restkreditversicherung**
>
> Eine Restkredit- oder Restschuldversicherung ist eine zusätzliche Absicherung des Kreditnehmers sowie eine Sicherheit des Kreditgebers. Sie können darüber Ihren Kredit gegen Tod, Unfall, Krankheit oder Arbeitslosigkeit absichern. Im Todesfall würde die Versicherungsgesellschaft die noch ausstehende Restschuld übernehmen oder die Raten im Krankheitsfall.

Hamburger Sparkasse (Haspa). Im Rahmen ihres StudentenKredits zahlt die Haspa Studierenden sechs Jahre lang zwischen 250 und 450 Euro im Monat. Das gilt für Studierende im Erststudium, in einem dualen Bildungsweg, einem Aufbaustudiengang oder in einer Weiterbildung. Variable Zinsen in Höhe von derzeit 3,05 Prozent effektiv (Stand: Juni 2014) fallen ab dem ersten Euro an. Da die norddeutsche Sparkasse die Empfehlung ihres Verbands bezüglich der Schuldenobergrenze nicht übernommen hat, sind Schulden erst bei 32.400 Euro gedeckelt. Einmal pro Jahr kann der Bedarf und damit die Rate angepasst werden. Nach Studienende hat ein Student maximal zwei Jahre Zeit, bevor die erste Rate fällig wird. Innerhalb von zehn Jahren muss der gesamte Betrag getilgt werden. Weitere Infos finden Sie auf www.haspa.de unter dem Suchbegriff: „StudentenKredit".

Sparkasse Herford. Der StudentenKredit der Sparkasse Herford ist nur an wenige Voraussetzungen gebunden: dass der Studierende Kunde und an einer Universität oder Fachhochschule immatrikuliert ist. Neukunden müssen ihren Haupt- oder Zweitwohnsitz im Kreis Herford nachweisen. Der Kredit kann für ein Erststudium, für

Weiterbildung, Promotion oder Teilzeitstudium verwendet werden – egal ob für Lebensunterhalt, Studiengebühren oder Auslandssemester, sogar ganze Auslandsstudien. Monatlich gibt es bis zu 555 Euro, bis die Obergrenze von 25.000 Euro erreicht ist. Flexibel machen den Studenten-Kredit mögliche Sonderzahlungen von bis zu 5.000 Euro beispielsweise für einen neuen Laptop. Wichtig: Für die Auszahlungs-, Karenz- und Rückzahlphase werden feste Zinssätze vereinbart, die die Sparkasse nicht öffentlich macht. Wer in der Tilgungsphase in eine wirtschaftliche Notlage gerät, kann die Tilgung für drei Monate aussetzen. Außerdem gewährt die Bank kostenfreie Sondertilgungen. Weitere Infos unter www.sparkasse-herford.de, Menüpunkt „Junge Kunden" › „Angebote für Studenten".

Sparkasse zu Lübeck. Mehr Geld als die beiden zuvor genannten Institute vergibt die Sparkasse zu Lübeck. Bis zu 800 Euro pro Monat Bildungskredit bekommen Studierende, die ihren Wohn- oder Studienort im Raum Lübeck haben und nicht älter als 30 sind. Das gilt übrigens auch für ausländische Studenten, die dauerhaft in Deutschland leben und eine unbefristete Aufenthaltsgenehmigung haben. Studierende können für ihr Studium bis zu sechs Jahre lang Geld zum derzeit effektiven Zinssatz zwischen 5,44 und 5,84 Prozent (Stand: Juni 2014) aufnehmen. Dieser Satz ist variabel: Sie müssen also damit rechnen, dass er im Lauf des Studiums steigt. Die Zinsen werden bis zur Rückzahlung – zwei Jahre nach Ende des Studiums – gestundet. Dann bleiben maximal zehn Jahre Zeit, um das Darlehen vollständig zu tilgen. Weitere Infos unter **www.spk-luebeck.de**, Suchbegriff: „Bildungskredit".

Zusammengefasst: Nicht alle Sparkassen bieten Studienkredite an. Am besten erkundigen Sie sich in Ihrer lokalen Filiale, ob Sie dort mit einem Studienkredit rechnen können. In der Regel sichern sich die Sparkassen über eine Restkreditversicherung gegen Ausfälle ab. Allerdings verteuern diese die Kredite unnötig. Bieten Sie der Bank stattdessen andere Sicherheiten an. Grundsätzlich kommen die Darlehen für all jene infrage, die schon längere Zeit vor Beginn des Studiums um ihre Finanzierungslücke wissen. Denn die Sparkassen kombinieren Bildungskredite und **Bildungssparen**.

> **» Bildungssparen**
>
> Beim Bildungssparen können sich Eltern und angehende Studierende zwischen verschiedenen Finanzprodukten entscheiden. Je nach Dauer und Zusammensetzung kann darüber der finanzielle Bedarf während des Studiums vollständig gedeckt werden – sofern man Geld zum Sparen erübrigen kann. Eine gute Beratung zu Konditionen und Risiken ist im Vorfeld unerlässlich. Nur so lässt sich das geeignete Produkt finden.

■ **Volks- und Raiffeisenbanken in Bayern**
Auch im Verbund der Volks- und Raiffeisenbanken entscheidet jede Genossenschaftsbank selbst, ob sie einen eigenen Studienkredit entwickelt, ihren Kunden den KfW-Studienkredit oder gar keinen anbietet. Die meisten Volks- und Spardabanken haben sich bisher für das KfW-Modell entschieden, es gibt jedoch auch einige wenige Ausnahmen in Bayern.

VR-Bildungsfinanzierung. Zehn Semester lang können Studenten maximal 250 Euro monatlich bekommen. Der Sollzinssatz für dieses Darlehen liegt momentan bei rund 4 Prozent. Grundsätzlich kann jeder Studierende seit Herbst 2005 einen solchen Studienkredit bei den teilnehmenden bayerischen Volks- und Raiffeisenbanken beantragen. Einzige Bedingung: Der Antragsteller muss dem Institut bekannt sein. Sie müssen also Genossenschaftsmitglied einer Volksbank oder Raiffeisenbank sein oder werden. Der Erwerb von Genossenschaftsanteilen kostet einmalig 25 Euro Gebühr. Nach Ende der Auszahlung und einem Jahr Schonfrist will die Bank ihr Geld zurückhaben. Konkrete Infos zum Kredit gibt es auf den individuellen Seiten der Genossenschaftsbanken der bayerischen Volks- und Raiffeisenbanken.

Zusammengefasst: Um das gesamte Studium zu finanzieren, reicht der Kreditrahmen von 250 Euro monatlich nicht aus. Das Angebot der Volks- und Raiffeisenbanken kann also immer nur eine Ergänzung sein. Die Zinsen sind recht günstig, sodass sich die Sache bei entsprechendem Bedarf durchaus lohnen kann. Nachteilig ist die kurze Rückzahlfrist. Ein Vergleich ist auf jeden Fall empfehlenswert.

■ **apoStudienKredit**
Details. Den Studienkredit der Deutschen Apotheker- und Ärztebank können nur Studenten und Doktoranden der akademischen Heilberufe sowie der psychologischen Psy-

chotherapie in Anspruch nehmen – unabhängig vom Einkommen der Eltern oder dem Bezug von BAföG. Dabei ist es unerheblich, ob Sie im Erststudium sind, promovieren oder eine Weiterbildung machen. Da die apoBank auch den KfW-Studienkredit (⸱⸱⸳ Seite 86 ff.) vermittelt, dient dieses Darlehen vor allem als Ergänzung dazu. Beispielsweise für Einmalzahlungen, die bei der KfW nicht möglich sind, und die für ein Auslandssemester, das praktische Jahr oder für kostspielige Anschaffungen benötigt werden.

Kredit. Egal für welche Auszahlrate Sie sich entscheiden: Geld gibt es bis zu einer Gesamtsumme von maximal 15.000 Euro. Falls Sie zeitgleich den KfW-Studienkredit in Anspruch nehmen, sind es nur 10.000 Euro. Der effektive Zinssatz liegt bei etwa 4 Prozent, abhängig von der Bonität. Auch Einmalzahlungen sind wie erwähnt möglich.

Rückzahlung. Nach dem Ende der Auszahlung haben Sie bis zu einem Jahr Ruhe, bevor das Darlehen innerhalb von fünf Jahren zurückgezahlt werden muss. Sondertilgungen sind jederzeit kostenfrei möglich. Wichtig: Die Konditionen der Rückzahlung werden zu deren Beginn vereinbart, was die Planungssicherheit einschränkt.

Antrag. Den apoStudienKredit können Sie nur in einer Filiale beantragen. Weitere Infos unter **www.apobank.de**.

Zusammengefasst: Neben dem apoStudienKredit vermittelt die Bank auch den KfW-Studienkredit (⸱⸱⸳ Seite 86 ff.). Da dieser keine Einmalzahlungen vorsieht, kann das hauseigene Darlehen beispielsweise für ein Auslandssemester, das praktische Jahr oder den Kauf von Arbeitsmitteln sinnvoll sein. Da die Konditionen der Rückzahlung nicht von vornherein feststehen, lässt sich damit allerdings schlecht planen.

■ EKK-BildungsKredit

Details. Die Evangelische Kreditgenossenschaft eG (EKK) bietet einen Bildungskredit mit Seltenheitswert, da er unter anderem auch für ein berufsbegleitendes Studium infrage kommt, was sonst bei den wenigsten Studienkrediten der Fall ist. Ungewöhnlich ist auch, dass ein Teil der Auszahlungssumme erst nach Ende des Studiums abgerufen werden kann. Allerdings kommen nur Studierende in den Genuss des EKK-BildungsKredits, die die deutsche Staatsbürgerschaft oder eine unbefristete Aufenthaltsgenehmigung sowie die Absicht haben, auch nach dem Studium in Deutschland zu bleiben. Obwohl es keine feste Altersobergrenze gibt, fließt das Alter in die Gesamtbeurteilung der Kreditwürdigkeit ein. Wer schon eine abgeschlossene Ausbildung hat und den Kredit zum Beispiel für ein berufsbegleitendes Studium benötigt, hat in der Regel bessere Chancen. Leistungsnachweise werden nicht gefordert.

Kredit. Studierende können monatlich mit bis zu 500 Euro gefördert werden: Das geforderte Minimum liegt bei 5.000, das Maximum bei 35.000 Euro. Geld gibt es in der „Bildungsphase" – also für bis zu sechs Jahre Studium – und in der zweijährigen „Orientierungsphase" nach dessen Abschluss, in der auch noch Auszahlungen möglich sind. Die Zeiträume müssen zu Beginn festgelegt werden. Allerdings werden die Zinsen schon von der Auszahlrate abgezogen – ungünstig, wenn man dringend auf das Geld angewiesen ist. Liegt der Kreditbetrag über 10.000 Euro, fordert die EKK eine Abtretung der zukünftigen Lohn- und Gehaltsforderungen. Über 20.000 Euro wird zusätzlich eine Bürgschaft einer dritten Person verlangt. Je nach Laufzeit variiert der effektive Zinssatz: Bis zehn Jahre liegt er derzeit bei 5,59 Prozent, über zehn Jahre bei 5,75 Prozent (Stand: Mai 2014).

Rückzahlung. Auf die Bildungsphase mit maximal zwölf Semestern folgt die Orientierungsphase, die bis zu vier Semester dauert. Für die anschließende Rückzahlphase haben die Studierenden zehn Jahre Zeit. Wie viel wann aus- und zurückgezahlt wird, wird bereits zu Beginn der Finanzierung festgelegt. Ein Sondertilgungsrecht in Höhe von 10 Prozent pro Kalenderjahr kann vereinbart werden.

Antrag. Den EKK-BildungsKredit können Sie entweder in einer der (wenigen) Filialen der Evangelischen Kreditgenossenschaft beantragen oder Sie füllen den Antrag online aus und senden ihn per Post ein. Weitere Infos unter **www.ekk.de/bildungskredit**.

* Studienkredit-Test

Das Centrum für Hochschulentwicklung (CHE) hat Mitte 2014 die Studienkredit-Angebote getestet, und zwar explizit aus Kundensicht, also aus Sicht der Studierenden. Herausgekommen ist eine übersichtliche Zusammenstellung der Vor- und Nachteile von 29 Studienkrediten und Bildungsfonds. Die gesamte Studie mit dem Titel „CHE-Studienkredit-Test 2014" finden Sie auf der Seite **www.che.de/studienkredittest**.

Zusammengefasst: Aktuell liegt der Zinssatz des EKK-BildungsKredits deutlich über dem des KfW-Studienkredits, was eher für Letzteren spricht. Das Positive am EKK-Kredit ist jedoch, dass man auch eine monatliche, quartalsweise, halbjährliche oder jährliche Auszahlung wählen und selbst zwei Jahre nach Ende des Studiums noch Geld bekommen kann. Wer nur kurzfristig Geld zum Überbrücken braucht oder möglichst kleine Rückzahlraten anstrebt, ist mit diesem Kredit schlecht bedient.

Bildungskredit der KfW

Den sogenannten Bildungskredit gab es schon vor Beginn der Diskussion um die Einführung von Studiengebühren. Allerdings lässt sich darüber kein komplettes Studium finanzieren, da er in der Regel erst ab bestandener Zwischenprüfung – also in fortgeschrittenen Ausbildungsphasen – und nur für längstens 24 Monate vergeben wird. Auch Bachelor-Studiengänge, in denen keine Vorprüfung vorgesehen ist, gehören dazu, wenn die Ausbildungsstätte bestätigt, dass man die üblichen Leistungen des ersten Ausbildungsjahres erbracht hat. Postgraduale Studiengänge werden von Anfang an gefördert.

Seit 2001 wird der Bildungskredit von der staatlichen KfW-Förderbank angeboten und ist eine Ergänzung zu BAföG und KfW-Studienkredit. Damit will der Staat Studierenden unter die Arme greifen, die entweder kein BAföG bekommen oder im Rahmen ihres Studiums besondere Ausgaben haben, die davon nicht gedeckt werden. Dazu gehören beispielsweise teure Studienmaterialien, Auslandsaufenthalte, Praktika im In- und Ausland oder Exkursionen. Da der Kredit ein fortgeschrittenes Studium sichern und beschleunigen soll, spielt das Einkommen des Auszubildenden, seiner Eltern oder des Ehepartners bei der Vergabe keine Rolle. Einen Rechtsanspruch auf den Bildungskredit haben Studierende nicht.

Details. Grundsätzlich kann jeder deutsche Student bis zum Alter von 36 Jahren einen Bildungskredit beantragen. Doch es gibt Einschränkungen: Für das Grundstudium wird generell kein Bildungskredit eingeräumt, sondern erst ab bestandener Zwischenprüfung oder für Studierende, die ein Master-, Zusatz-, Ergänzungs- oder Aufbaustudium obendrauf setzen. Außerdem fließt das Geld nur bis Ende des zwölften Fachsemesters. Danach ist Schluss, es sei denn, die Hochschule bestätigt, dass der Studierende sein Studium innerhalb der Förderungszeit abschließen kann. Humanmediziner bekommen den Kredit auch während ihres praktischen Jahres. Auch wer sein gesamtes Studium im Ausland verbringen will, kann gefördert werden. Allerdings nur, wenn die dortige Ausbildungsstätte vergleichbar mit einer deutschen Hochschule ist. Gleiches gilt für ein Praktikum im Ausland. Auch ausländische Studierende erhalten die staatliche Finanzspritze, wenn ein Elternteil oder der Ehepartner Deutscher ist oder wenn sie aus einem EU-Mitgliedsland kommen und einen deutschen Wohnsitz haben. Weitere Ausnahmen werden analog zum BAföG gemacht.

Kredit. Wem ein Bildungskredit eingeräumt wird, der bekommt von der KfW bis zu 300 Euro monatlich für längstens zwei Jahre: also maximal 7.200 Euro. Inzwischen können Studierende frei zwischen Monatsraten in Höhe von 100, 200 und 300 Euro wählen. Braucht jemand nur kurzzeitig eine kleine Finanzspritze, geht es auch kürzer. Der Restkredit kann dann zu einem späteren Zeitpunkt beantragt werden. Das Minimum sind drei Monate. Können Sie glaubhaft machen, dass Sie auf einen Schlag mehr als 300 Euro benötigen – beispielsweise für kostspielige Anschaffungen wie einen neuen Computer –, kann bis zur Höhe von 3.600 Euro ein Teil des Kredits stattdessen oder zusätzlich gezahlt werden. Und zwar dann, wenn der Höchstbetrag von 7.200 Euro insgesamt nicht überschritten wird. Verglichen mit herkömmlichen Krediten bietet die KfW günstige Konditionen. Der effektive Zinssatz des Bildungskredits liegt derzeit bei 1,41 Prozent (Stand: Juni 2014). Jeweils zum April und Oktober eines Jahres wird er an das aktuelle Zinsniveau angepasst.

Rückzahlung. Im Gegensatz zum BAföG muss der gesamte Bildungskredit nach Ende des Studiums zurückgezahlt werden. Zinsen werden bereits ab der ersten Auszahlung fällig, jedoch bis zum Beginn der Rückzahlung

gestundet. Mit der muss spätestens vier Jahre nach der
ersten Rate begonnen werden: mit 120 Euro pro Monat.
Wer zu diesem Zeitpunkt bereits etwas mehr Geld auf der
hohen Kante hat, kann auch den gesamten Darlehensbetrag jederzeit ganz oder teilweise vorzeitig zurückzahlen. Dafür fallen keine zusätzlichen Kosten an. Für den
Fall, dass jemand seinen Kredit nicht abstottern kann,
übernimmt der Bund die Schulden. Das Bundesverwaltungsamt versucht aber später, das Geld vom Schuldner
einzutreiben.

Antrag. Wollen Sie mit einem Bildungskredit gefördert
werden, müssen Sie einen Antrag an das Bundesverwaltungsamt stellen. Wird er bewilligt, dürfen Sie einen
Kreditvertrag mit der KfW-Förderbank abschließen. Planen Sie genug Zeit ein. Bis der Antrag durch ist, kann es
gut drei Monate dauern. Weitere Informationen zum Bildungskredit bekommen Sie bei der KfW-Förderbank unter
www.kfw.de, Suchbegriff „Bildungskredit", und beim
Bundesverwaltungsamt unter **www.bildungskredit.de**.

Zusammengefasst: Ein Bildungskredit dient grundsätzlich
nicht dazu, ein ganzes Studium zu finanzieren, sondern
soll Studierende in der Endphase des Studiums finanziell
absichern, damit sie in Ruhe ihren Abschluss machen
können. Und dafür ist er auch empfehlenswert, gerade
bei den derzeit niedrigen Zinssätzen.

Bildungsfonds

Zielstrebige Studenten können sich ihr Studium von Bildungsfonds finanzieren lassen. Die funktionieren immer
gleich: Ausgewählte Studierende bekommen fixe Beträge
für Lebenshaltungskosten und in manchen Fällen auch
Studiengebühren aus einem Fonds. Auf Wunsch wird das
komplette Studium gefördert. Das Kapital dafür stammt

von Unternehmen, Stiftungen oder Privatinvestoren, manchmal auch von Hochschulen selbst. Im Gegenzug verpflichten sich die Geförderten, nach Studienende und erfolgreichem Berufseinstieg Beiträge in den Fonds zurückzuzahlen. Es gibt zwei Arten von Bildungsfonds: mit verdienstabhängiger und -unabhängiger Beitragsrückzahlung.

[] **Was ist ein Fonds?**

Es gibt verschiedene Arten von Fonds. In manchen Fällen verbirgt sich eine Stiftung dahinter, in anderen eine Geldsammelstelle für Kapitalanleger. Bei einem Investmentfonds wird beispielsweise das eingesammelte Kapital in unterschiedliche Bereiche wie Aktien oder Immobilien investiert. Der Vorteil von Fonds ist, dass sich Anleger schon mit relativ kleinen Beträgen ein Depot mit unterschiedlichen Geldanlagen aufbauen können und so ihr Risiko verringern. Nach einer gewissen Zeit wollen sie eine Rendite sehen, also einen Gewinn.

Vorreiter bei den Bildungsfonds waren einige private Hochschulen in Deutschland. Sie haben hochschuleigene Fonds eingerichtet, um auch Studenten ohne finanzkräftiges Elternhaus aufnehmen zu können. Das Geld kommt vorwiegend von Ehemaligen und finanziert den Geförderten einen Teil der hohen Studiengebühren. Es reicht jedoch im Fall privater Hochschulen meistens nicht, um auch die Lebenshaltungskosten zu decken. Somit kann mit dieser Art Darlehen kein komplettes Studium ohne zusätzliche elterliche Finanzspritze, einen Job, ein Stipendium oder BAföG durchgezogen werden.

» Verdienstabhängige und verdienstunabhängige Rückzahlung

Bei einem verdienstabhängigen Bildungsfonds ist die Höhe der Rückzahlungen nach dem Berufseinstieg abhängig vom Gehalt. Studierende müssen also nach Ende des Studiums über einen vorab definierten Zeitraum monatlich einen bestimmten Prozentsatz ihres Einkommens an den Fonds zurückzahlen. Im Gegensatz dazu hängt bei einem verdienstunabhängigen Bildungsfonds die Höhe der Rückzahlung nicht vom Gehalt ab. Eine solche Förderung ähnelt also eher einem Darlehen: Nach Ende des Studiums muss über einen vorab definierten Zeitraum ein fixer Betrag in den Fonds eingezahlt werden.

Verglichen mit herkömmlichen Bankdarlehen bieten die meisten Bildungsfonds verhältnismäßig gute Konditionen. Falls Sie mit einer solchen Fondsförderung liebäugeln, sollte Ihnen jedoch klar sein, dass die Geldgeber nichts zu verschenken haben und irgendwann eine ordentliche Rendite sehen wollen. Das ist auch der Grund für die oft hohen Einstiegshürden und warum vor allem Studenten in Fächern mit guten Berufsaussichten über einen Bildungsfonds gefördert werden. Waren diese bisher oftmals auf private Hochschulen beschränkt, werden einige nun auch bundesweit angeboten. Häufig fungiert der Finanzdienstleister CareerConcept als Abwickler, ist aber selbst nie Kreditgeber.

■ CareerConcept-Bildungsfonds

In der Regel werden alle Diplom-, Bachelor-, Master-, Magister- oder Promotionsstudiengänge von der Initiative Bildungsfonds unabhängig davon gefördert, ob im In- oder Ausland studiert wird. Es spielt auch keine Rolle, ob jemand schon BAföG oder ein Stipendium bezieht, ob er schon einen staatlichen Studienkredit aufgenommen hat oder wie hoch das Einkommen der Eltern ist. Bei der Auswahl spielen neben akademischen und fachlichen auch persönliche Aspekte eine Rolle. Zweitstudien werden nicht gefördert.

Details. Bewerber, die sich erfolgreich im Auswahlverfahren durchsetzen, werden bei den meisten Fonds mit bis zu 1.000 Euro monatlich für die Regelstudienzeit plus maximal ein Semester gefördert. Auch Einmalzahlungen bis 5.000 Euro für außerordentliche Aufwendungen, wie beispielsweise ein Auslandspraktikum, sind möglich sowie die volle Übernahme von Studiengebühren. Insgesamt können während der gesamten Studiendauer bis zu 30.000 Euro beantragt werden. In Einzelfällen sogar mehr. Studiengebühren werden bis zu 100 Prozent und maximal 10.000 Euro pro Auszahlungszeitraum gefördert.

Rückzahlung. Es fallen weder Zinsen auf den gesamten Förderbetrag an, noch muss er auf den Cent genau zurückgezahlt werden. Wie viel wer nach dem Studium in den Fonds zu zahlen hat, wird individuell ermittelt. Deshalb steht der tatsächliche Rückzahlungsbetrag erst im Nachhinein fest. In der Regel sind es zwischen 4 und 10 Prozent des monatlichen Bruttoverdienstes über einen Zeitraum von vier bis acht Jahren. Sonderzahlungen oder vorzeitige Rückzahlungen sind nicht möglich. Auch wer nach dem Studium extrem viel verdient, muss sich keine Sorgen machen, da eine maximale Effektivverzinsung festgelegt wird. Sie kennen also vorab den für Sie „teuersten" Zinssatz. Im Extremfall – etwa bei lang andauernder Arbeitslosigkeit – haben Sie gar nichts zurückzuzahlen. Die Tilgung beginnt in der Regel mit dem ersten Verdienst. Bei einem Studienabbruch wird die bis dahin ausgezahlte Finanzierung in ein Darlehen umgewandelt. Sicherheiten werden bei solchen Bildungsfonds keine verlangt. Nur bei ausländischen Studierenden kann im Einzelfall eine Bürgschaft nötig sein.

Bewerbung. Da CareerConcept der Anbieter, jedoch nicht der Geldgeber ist, übernimmt das Unternehmen nur die Rolle des Abwicklers: also die gesamte Kommunikation mit den Studierenden. Bewerben können sich alle unabhängig vom Alter das ganze Jahr über auf der Seite www.bildungsfonds.de, indem Sie Ihre Unterlagen hochladen. Bewerbungen per Post oder E-Mail sind nicht möglich. Wer die Erstauswahl besteht, wird im nächsten Schritt zu einem Online-Assessment-Center und anschließendem Telefoninterview eingeladen, wofür eine Bearbeitungsgebühr von rund 30 Euro fällig wird. Zudem prüft CareerConcept Ihre Bonität über die Schufa. Insgesamt dauert das Verfahren in der Regel vier bis sechs Wochen.

[] Welchen Zweck erfüllt die Schufa?

Die Schufa Holding AG ist eine Auskunftsdatei der Privatwirtschaft. Ihr Zweck ist es, ihre Vertragspartner vor Kreditausfällen und – wie sie selbst sagt – die Verbraucher vor Überschuldung zu schützen. Bevor ein Kredit vergeben wird, holen die Banken in vielen Fällen bei der Schufa Erkundigungen über den potenziellen Kunden ein. Hat er negative Schufa-Einträge, kommt es in der Regel nicht zu einem Geschäftsabschluss.

Weiterbildung. Es gibt des Weiteren auch Bildungsfonds, die Weiterbildungsmaßnahmen fördern, wie beispielsweise der Festo Bildungsfonds. Dessen Angebot richtet sich an technisch und ingenieurwissenschaftlich Studierende, Doktoranden, Post-Doc-Forscher und Interessierte, die eine berufsbegleitende, hochschulbasierte Qualifizierung (wie einen Master-Abschluss oder MBA) anstreben. Angrenzende Studiengänge wie Physik, Mathematik und Informatik können ebenfalls gefördert werden, betriebswirtschaftliche nur dann, wenn bereits ein ingenieurwissenschaftlicher oder technischer Abschluss vorliegt.

} Förderbeispiele

Studienanfänger. Nicola studiert im ersten Semester an der Technischen Universität München Mathematik. Sie möchte sich in den Semesterferien auf berufsrelevante Praktika konzentrieren und keinem Nebenjob nachgehen. Also bewirbt sie sich für eine monatliche Förderung von 300 Euro über drei Jahre. Mit einer zusätzlichen Einmalzahlung von 5.000 Euro möchte sie ein Auslandsjahr in England finanzieren. Ihr Studienfördervertrag sieht vor, dass sie nach dem Berufseinstieg 6,2 Prozent ihres Einkommens über eine Laufzeit von sieben Jahren in den Fonds zurückzahlt. Bei einem Bruttogehalt von 4.000 Euro also 248 Euro pro Monat.

MBA im Ausland. Tobias möchte nach dreijähriger Berufstätigkeit in einem Automobilunternehmen noch einen MBA-Abschluss im Ausland draufsetzen. Allein die dortigen Studiengebühren belaufen sich auf 40.000 Euro. Gut die Hälfte hat er gespart. Ein Stiftungsstipendium über 5.000 Euro finanziert die Reisekosten. Den Rest der Studiengebühren und die notwendigen Lebenshaltungskosten finanziert Tobias über eine Bildungsfonds-Förderung in Höhe von 1.000 Euro pro Monat für ein Jahr sowie eine Einmalzahlung in Höhe von 15.000 Euro: insgesamt also 27.000 Euro. Nach dem MBA strebt er den Einstieg in eine Unternehmensberatung an. Seine Rate wird mit 10,8 Prozent vom zukünftigen Bruttogehalt über sechs Jahre berechnet. Bei einem Bruttogehalt von 5.000 Euro müsste er also monatlich 540 Euro in den Fonds zurückzahlen.

Examenskandidat. Thomas steht kurz vor dem Examen an der Universität Passau im Studiengang Kulturwissenschaften. Bisher hat er sein Studium über Nebenjobs finanziert, möchte sich aber in der Examensphase ausschließlich auf das Studium konzentrieren. Er bewirbt sich daher für eine sechsmonatige Studienförderung in Höhe von 600 Euro im Monat und eine Einmalzahlung von 4.000 Euro. Diese 7.600 Euro möchte Thomas möglichst über einen kurzen Zeitraum zurückzahlen. Der Bildungsfonds berechnet für Abschluss, Studiengang und prognostiziertes Einkommen 7,8 Prozent des Bruttoeinkommens über vier Jahre Laufzeit. Macht bei einem Einstiegsgehalt von 3.000 Euro anschließend 234 Euro pro Monat.

Studierende bekommen maximal 800 Euro monatlich für Lebenshaltung und Studiengebühren sowie einen einmaligen Zuschuss von bis zu 5.000 Euro beispielsweise für ein Auslandssemester, bei Promovierenden sind es maximal 2.000 Euro. Berufsbegleitende Programme sowie Post-Doc-Projekte werden mit bis zu 2.500 Euro pro Monat gefördert. Bei 40.000 Euro ist Schluss. Weitere Infos unter **www.festo-bildungsfonds.de**.

Zusammengefasst: Hochschulspezifische Bildungsfonds, die CareerConcept vermittelt, bieten mehr oder weniger faire Konditionen. Allerdings reichen die Beträge meist nicht aus, um die Lebenshaltungskosten zu decken. Gut ist, dass kein Schuldenberg angehäuft, sondern vom Einkommen prozentual für eine begrenzte Zeit zurückgezahlt wird. Wer nach dem Studium gut verdient, zahlt allerdings – gerade in der aktuellen Niedrigzinsphase – deutlich mehr zurück als bei anderen Studienkrediten.

■ Bildungsfonds Deutsche Bildung

Seit September 2007 fördert die Deutsche Bildung Studenten an staatlich anerkannten Hochschulen mit einer Kombination aus Studienfinanzierung und inhaltlicher Unterstützung über das Förderprogramm „WissenPlus". Das Geld dafür stammt aus einem Bildungsfonds, in den Investoren einzahlen, die später eine Rendite sehen wollen.

Details. In den Genuss können Studierende aller Fachrichtungen kommen: in Teil- oder Vollzeit und egal ob Bachelor-, Master-, Staatsexamens-, MBA-Studiengang oder Promotion. Selbst Auslandsstudien werden gefördert. Voraussetzung ist, dass Bewerber ihre Hochschulreife in Deutschland erworben und einen unbefristeten Aufenthaltsstatus haben. Was die Eltern verdienen und ob Sie BAföG oder ein Stipendium beziehen, ist egal. Nicht egal ist der Deutschen Bildung ein negativer Schufa-Eintrag:

In dem Fall gehen Bewerber leer aus. Pro Monat können Studierende bis zu 1.000 Euro für Studien- und Lebenshaltungskosten bekommen. Dazu kommen Einmalzahlungen bis zu 1.000 Euro – beispielsweise für Anschaffungen oder Auslandssemester. Die Gesamtsumme ist bei 25.000 Euro gedeckelt. Zunächst läuft die Förderung bis zu drei Jahren – mit der Chance auf eine Verlängerung für einen Master-Studiengang oder eine Promotion. Neben der Finanzspritze soll das Förderprogramm „WissenPlus" Studierenden dabei helfen, passende Kontakte in die Arbeitswelt, Praktika und Einstiegsjobs zu bekommen.

Rückzahlung. Zurückgezahlt wird nicht ein fixer Betrag, sondern einkommensabhängig. Die Rückzahldauer und der Anteil werden zu Beginn fixiert, können aber jederzeit angepasst werden. Je nach Fördersumme und Studienfach liegt der Anteil zwischen 3 und 10 Prozent verteilt über 3 bis 10 Jahre. Los geht es erst, wenn Sie ein Bruttogehalt von mindestens 1.500 Euro im Monat haben. Ist es vergleichsweise niedrig, zahlen Sie also entsprechend weniger zurück als bei einem höheren Gehalt. Entscheiden Sie sich für ein weiterführendes Studium, Referendariat oder Volontariat oder werden krank oder arbeitslos, verschiebt sich die Rückzahlung oder entfällt ganz.

Antrag. Bewerben können Sie sich kostenfrei online auf der Startseite von **www.deutsche-bildung.de**. Statt Bestnoten zählt laut Deutscher Bildung ein stimmiges Gesamtbild, zu dem auch Praktika und ehrenamtliches Engagement gehören. Erfüllen Sie die Grundvoraussetzungen, folgt ein Telefoninterview.

Zusammengefasst: Verdienen Sie nach dem Studium gut, zahlen Sie bei einer Förderung über einen Bildungsfonds deutlich mehr als bei herkömmlichen Studienkrediten. Unbestritten vorteilhaft ist aber, dass die Rückzahlung ausgesetzt wird, sollten Sie nach dem Studium (zu) wenig oder gar nichts verdienen. Auch das Förderprogramm „WissenPlus" mag für manchen ein Argument für das Angebot der Deutschen Bildung sein. Wer mit über 30 noch einen MBA oder eine ähnliche Weiterbildung machen möchte, dem bietet der Bildungsfonds als einer der wenigen die Möglichkeit, an eine Finanzierung zu kommen, da er keine Altersgrenze vorsieht.

■ DKB-Studenten-Bildungsfonds

Das Angebot der Deutschen Kreditbank AG (DKB) nennt sich zwar auch „Studenten-Bildungsfonds", ist aber im Grunde ein herkömmlicher Dispokredit. Das Geld stammt nicht von Fondsanlegern, und Studierende zahlen nicht verdienstabhängig in festen Raten zurück.

Details. Den Studenten-Bildungsfonds der DKB können Studierende aller Fachrichtungen erhalten. Egal ob sie an einer Universität, Fachhochschule oder einer privaten Bildungseinrichtung studieren. Voraussetzung: Sie müssen deutscher Staatsbürger sein und Ihr Studium vor Vollendung des 30. Lebensjahres begonnen haben. Gefördert wird unabhängig vom Einkommen der Eltern und davon, ob Sie BAföG oder ein Stipendium bekommen.

Kredit. Wer den Studenten-Bildungsfonds beantragt, kommt im Endeffekt in den Genuss eines Dispositionskredits. Das heißt, der Überziehungsrahmen des Kontos wird während des Studiums um bis zu 650 Euro pro Monat erhöht. Wer einen Auslandsaufenthalt finanzieren muss oder einen neuen Computer braucht, kann einmalig bis zu 5.000 Euro extra bekommen. Bei maximal 39.000 Euro ist Schluss. Voraussetzung für die Förderung ist, dass Studierende ein DKB-Cash-Konto eröffnen. Dann können sie das Geld für alles ausgeben, was direkt oder indirekt mit dem Studium zu tun hat. Dazu gehören zum Beispiel Lebenshaltungskosten, Studiengebühren oder Fachliteratur.

Rückzahlung. Gefördert wird bis zum Ende der Regelstudienzeit plus zwei Semester. Dann endet die monatliche Erhöhung des Dispos. Spätestens zwölf Monate
nach Abschluss des Studiums – oder nach Ablauf der
Regelstudienzeit plus vier Semester – beginnt die Rückzahlungsphase. Dann muss der monatlich in Anspruch
genommene Betrag plus 6,49 Prozent Effektivzins (Stand:
Juni 2014) getilgt werden. Sondertilgungen oder eine
komplette Ablösung sind sowohl während der Aus-
zahlungs- als auch der Rückzahlungsphase jederzeit
kostenlos möglich. Die Rückzahldauer ist auf 20 Jahre
beschränkt.

Zusammengefasst: Im Grunde ist der DKB-Studenten-
Bildungsfonds trotz seines Namens eher vergleichbar mit
einem herkömmlichen Dispokredit. Schwierig wird es,
wenn die Karenzphase endet und Studierende noch keinen Job haben, den Kredit aber dennoch tilgen müssen.
Er kann also nur eine Ergänzung sein: zum Studienabschluss oder für Extrakosten, wobei der Kredit so niedrig
wie möglich gehalten werden sollte. Weitere Infos online
unter **www.dkb-studenten-bildungsfonds.de**.

■ Resümee

Trotz der Vielzahl der Angebote sollten Sie sich gut überlegen, ob Sie überhaupt einen Kredit brauchen oder Ihr
Studium doch anders finanzieren können. Sonst droht
die Gefahr, dass Sie nach dem Studium mit einem Berg
Schulden dastehen – auch wenn Politiker bisweilen
versuchen, öffentlich geförderte Kredite schönzureden.
Schließlich sind Beträge bis zu 10.000 Euro viel Geld für
frischgebackene Akademiker, die gerade erst in den Job
einsteigen.

Stipendien

Viele Studenten bewerben sich nicht um ein Stipendium aus der irrigen Vorstellung heraus, das sei nur etwas für Streber oder Leute mit Einser-Abitur. Doch entgegen der landläufigen Meinung werden nicht ausschließlich Hochbegabte gefördert. Allein der Bundesverband Deutscher Stiftungen hat in seinem Verzeichnis über 22.000 Stiftungen gelistet, unter denen man sich die passende heraussuchen kann. Oft gibt politisches oder soziales Engagement den Ausschlag. Dennoch gehört ein überdurchschnittliches Abiturzeugnis meist dazu und ein Gutachten von einem Dozenten oder Professor ist oft Bewerbungsvoraussetzung.

Die verschiedensten Organisationen vergeben Stipendien: Parteien, Kirchen, der Staat, die Wirtschaft, Kommunen oder private Stiftungen. Trotzdem kommt aber nicht jeder Student für jedes Stipendium infrage. Die Stiftungen verfolgen meist eine ganz bestimmte Zielsetzung und haben kein Geld zu verschenken. Deshalb muss ein Stipendiat genau zum Anforderungsprofil passen. Jede Stiftung stellt eigene Bedingungen, und nicht bei allen können Sie sich selbst bewerben, sondern müssen vorgeschlagen werden. Neben den wichtigsten deutschen Stiftungen, die Studierende bundesweit fördern, gibt es natürlich viele weitere regionale oder bundeslandspezifische Organisationen. Dabei wird die Voraussetzung „Bedürftigkeit" je nach Stiftung unterschiedlich definiert und bedeutet nicht zwangsläufig, dass Studierende am Hungertuch nagen müssen, bevor es Geld gibt. Auch der Begriff „Würdigkeit" verlangt nicht immer Spitzenleistungen, sondern setzt oft lediglich die Aufnahme eines Erststudiums voraus, das innerhalb der Regelstudienzeit absolviert wird. Es lohnt sich also immer, am Hochschulort oder bei den Studienberatungsstellen danach zu fragen.

Die meisten Stiftungen fördern nicht nur finanziell, sondern auch ideell. Das heißt, sie stellen unter anderem Kontakte für den Berufseinstieg her, bieten Seminare an oder geben wertvolle Tipps für das Studium. Zur individuellen Betreuung gehört auch ein Ansprechpartner für Bewerber und Stipendiaten direkt an der Hochschule: Mangelware in Zeiten anonymer, überfüllter Massenuniversitäten. Die Namen der sogenannten Vertrauensdozenten finden Sie in der Regel im Vorlesungsverzeichnis.

Um überhaupt in Betracht zu kommen, müssen Bewerber zuallererst einigen Papierkram bewältigen und dabei die formalen Kriterien einhalten. Wer die nicht beachtet, kassiert schnell eine unnötige Absage. Wichtig ist, dass Sie nachweisen können, inwieweit Sie sich gesellschaftlich engagieren. Viele Institutionen verlangen zudem ein oder mehrere Persönlichkeitsgutachten von Hochschuldozenten. Dort können Sie sich also erst bewerben, wenn Sie schon an einer Hochschule studieren. Wer diese erste Hürde des Auswahlverfahrens erfolgreich genommen hat, wird häufig in schriftlichen und mündlichen Prüfungen sowie Einzelgesprächen auf Herz und Nieren getestet.

Was zu beachten ist

Auswahl. Es lohnt sich, viel Zeit für die Suche nach dem richtigen Stipendium aufzuwenden. Denn neben den im Folgenden beschriebenen bekannten Stiftungen gibt es Tausende weiterer Geldgeber. Je genauer das Stiftungsziel auf Sie als Bewerber zutrifft, desto größer sind Ihre Chancen. Sie tun also gut daran, sich gezielt eine Stiftung herauszusuchen, zu der Sie passen, anstatt viele unmotivierte Bewerbungen auf einen Schlag zu verschicken.

Sorgfalt. Lesen Sie vor der Bewerbung alle Unterlagen sorgfältig durch und füllen Sie die Fragebögen in aller Ruhe aus. Nichts ist ärgerlicher, als durch einen Formfehler aus dem Verfahren zu fliegen.

Vertrauensdozenten. Die meisten Stiftungen haben an jeder deutschen Hochschule einen Ansprechpartner für Interessenten, sogenannte Vertrauensdozenten. Die Namen finden Sie im Vorlesungsverzeichnis. Lassen Sie sich zu den Aufnahmebedingungen und weiteren Anforderungen ausführlich beraten. Und denken Sie daran, dass Sie als Stipendiat einem sehr starken Leistungsdruck ausgesetzt sind.

Gutachten. Viele Stiftungen verlangen Persönlichkeitsgutachten. In den meisten Fällen müssen die von einem Hochschuldozenten oder Lehrer stammen, der darin Ihre Persönlichkeit einschätzt und etwas zu Ihrer Leistungsfähigkeit schreibt. Ein bekannter Gutachter nutzt wenig, wenn seine Einschätzungen nur oberflächlich sind. Daher sollten Sie sich jemanden suchen, der Sie einigermaßen gut kennt und von dem Sie eine gute Beurteilung erwarten können.

Vorbereitung. Es ist nicht ganz einfach, sich systematisch auf ein Einzelgespräch vorzubereiten, weil die Prüfer ihre Themen frei auswählen können und je nach Zusammensetzung der Kommission unterschiedliche Akzente gesetzt werden. Sie sollten sich, wenn es sich um eine parteinahe Stiftung handelt, beispielsweise über die Geschichte der Partei informieren sowie über große Politiker, die aus ihr hervorgegangen sind. Es schadet nicht, wenn Sie sich mit den Grundzielen auseinandergesetzt haben, selbst wenn das vielleicht nicht explizit abgefragt wird. Eine Aussage wie „Ich habe schon immer Ihre Partei gewählt" bringt nichts, sondern wirkt wie der Versuch, sich einschleimen zu wollen.

Es ist oft nützlich, die Seminarprogramme der Stiftungen zu studieren. Daraus lassen sich viele Informationen über Schwerpunktsetzungen herauslesen. Fragen Sie auch bei Kommilitonen nach, die schon gefördert werden, wie ihr Vorstellungsgespräch ablief.

Eine beliebte Frage in solchen Prüfungsgesprächen ist diese: „Nennen Sie uns doch ein paar Gründe, warum wir Sie aufnehmen sollten." Darauf sollten Sie eine Antwort parat haben, die sowohl die inhaltliche Planung Ihres Studiums umfasst als auch Ihre Persönlichkeit. Versetzen Sie sich in die Lage der Stiftungsvertreter. Sie haben kein Geld zu verschenken, sondern müssen selbst Rechenschaft über ihre Auswahl ablegen. Vorrangig wollen sie Studierende unterstützen, die dazu beitragen können, die Stiftungsziele zu erreichen.

Die Unterstützung durch Stipendien ist die beste Möglichkeit der Studienfinanzierung. Schließlich muss die erhaltene Förderung nicht zurückgezahlt werden. Auch immer mehr Unternehmen sind bereit, begabte und bedürftige Nachwuchsakademiker zu unterstützen. Auf den folgenden Seiten sind die wichtigsten deutschen Stiftungen sowie Förderformen wie Online-Stipendien aufgeführt, einschließlich Infos zu Auswahlkriterien und Bewerbung. Eine Übersicht über nahezu alle deutschen Stiftungen finden Sie im Internet unter www.stiftungen.org, www.stifterverband.de und www.stipendienlotse.de.

Staatliche Begabtenförderungswerke

Die inzwischen dreizehn staatlichen Begabtenförderungswerke wollen ihre Stipendiaten individuell fördern und zu eigenverantwortlichem Handeln erziehen. Dabei haben sie zwar gemeinsame Leitvorstellungen, legen bei der Auswahl jedoch auf unterschiedliche Dinge Wert. Bei den parteinahen Stiftungen spielt beispielsweise eine Rolle, ob Sie sich mit der jeweiligen Politik identifizieren können, bei den konfessionellen vor allem die Religionszugehörigkeit. Ob sich Interessierte selbst bewerben können oder ob sie von jemandem vorgeschlagen werden müssen, hängt von der jeweiligen Stiftung ab. Studienanfänger werden meist noch nicht berücksichtigt. Doch ab dem zweiten oder dritten Fachsemester steigen die Chancen. Werden sie aufgenommen, müssen die neuen Stipendiaten häufig erst einmal eine Probezeit bestehen. Wer da gute Leistungen zeigt, wird weiterhin gefördert.

Die finanziellen Mittel der Begabtenförderungswerke stammen zum größten Teil aus dem Haushalt des Bundesministeriums für Bildung und Forschung. Der Höchstsatz liegt derzeit bei 670 Euro pro Monat, davon abzüglich bis zu 62 Euro Krankenversicherung und

11 Euro Pflegeversicherung (Stand: Juni 2014). Der genaue Förderbetrag hängt vom Einkommen und Vermögen des Stipendiaten, seines Ehepartners oder der Eltern ab. Zu der Grundförderung kommt in der Regel eine monatliche Bücherpauschale von 300 Euro. Zudem werden auf Antrag Auslandsaufenthalte wie beispielsweise Studienreisen, Konferenzbesuche, Auslandssemester oder Praktika gefördert. Studiengebühren an ausländischen Hochschulen können bis zu einer gewissen Höchstsumme erstattet werden. Verheiratete Studenten haben zudem Anspruch auf einen Familienzuschlag von 155 Euro. Für Kinderbetreuungskosten gibt es mindestens 113 Euro extra.

Wer bereits mit öffentlichen Mitteln wie BAföG gefördert wird, braucht sich im Grunde gar nicht erst zu bewerben oder muss sich dann für eines von beiden entscheiden. Eine doppelte Finanzierung ist prinzipiell ausgeschlossen.

» **Die dreizehn staatlichen Begabtenförderungswerke**

- Studienstiftung des deutschen Volkes
- Friedrich-Ebert-Stiftung
- Konrad-Adenauer-Stiftung
- Friedrich-Naumann-Stiftung für die Freiheit
- Hanns-Seidel-Stiftung
- Heinrich-Böll-Stiftung
- Rosa-Luxemburg-Stiftung
- Hans-Böckler-Stiftung
- Stiftung der Deutschen Wirtschaft
- Cusanuswerk
- Evangelisches Studienwerk Villigst
- Avicenna-Studienwerk
- Ernst Ludwig Ehrlich Studienwerk

In den meisten Fällen wird ein Student bis zum Ende der Regelstudienzeit gefördert. Eine Verlängerung ist grundsätzlich möglich, muss aber begründet werden.

Für Promovierende liegt der Höchstsatz mit 1.050 Euro plus einer eventuellen Forschungskostenpauschale von 100 Euro, Kinderbetreuungskosten zwischen 155 bis 255 Euro und 155 Euro Familienzuschlag etwas über dem Satz für Studierende. Das liegt daran, dass Promotionsvorhaben unabhängig vom elterlichen Einkommen berechnet werden. Weitere Infos unter **www.stipendiumplus.de**.

■ Friedrich-Ebert-Stiftung

Die der SPD nahestehende Friedrich-Ebert-Stiftung (FES) ist die älteste politische Stiftung in Deutschland und vergibt bereits seit 1925 Stipendien.

Förderprinzipien. Die Stiftung will über Stipendien soziale Benachteiligungen mindern und Persönlichkeiten fördern, die sich für Freiheit, Gerechtigkeit und sozialen Zusammenhalt engagieren. Neben überdurchschnittlichen Leistungen zählen auch politisches oder soziales Engagement und die Persönlichkeit der Bewerber. Die Auswahl hängt nicht von der Parteimitgliedschaft ab. Jedoch werden politische Sachkenntnis sowie Nähe zu den Grundwerten der sozialen Demokratie erwartet. Kinder aus einkommensschwachen Schichten werden generell und in der Stipendienhöhe in besonderem Maße berücksichtigt. Die FES fördert jährlich rund 2.400 Studierende und Promovierende.

Ideelle Förderung. Den Stipendiaten stehen Vertrauensdozenten zur Seite. Sie haben zudem Zugriff auf das stiftungseigene Netzwerk und zahlreiche Seminarangebote. Hochschulgruppenarbeit, Arbeitskreise und Veranstaltungsreihen runden die Förderung ab.

Bewerbung. Es werden in der Regel sowohl Studierende aus Studiengängen an staatlichen Universitäten als auch Fachhochschulen gefördert – allerdings nur Vollzeit. Bei ausländischen Studierenden wird das Studium an Fachhochschulen nicht unterstützt. Zudem gibt es Sonderfonds für Akademiker, die aus rassischen, politischen oder religiösen Gründen verfolgt werden. Außerdem fördert die Stiftung Aufbau- und Masterstudiengänge, die mindestens vier Semester dauern, jedoch keine reinen Auslandsstudiengänge außerhalb der EU, Studienabschlussphasen und Zweitstudiengänge. Bei der FES muss sich jeder selbst bewerben, wobei alle Fachrichtungen außer Promotionen im Bereich Medizin möglich sind. Voraussetzung ist die Immatrikulation in Deutschland. Ausländische Studierende können sich nur bewerben, wenn sie an einer Uni eingeschrieben sind und das Grundstudium beendet haben. Bewerbungsfristen gibt es keine: Das heißt also, dass Sie Ihre Bewerbung jederzeit einreichen können. Bei Studiengängen an Fachhochschulen bis zum Ende des vierten Semesters, bei Aufbau- und Masterstudiengängen bis zum Ende des ersten Semesters, bei einem Bachelor bis zum Ende des dritten Semesters, bei Diplom-, Magister- und Staatsexamensstudiengänge bis zum Ende des sechsten Semesters. Weitere Informationen bekommen Sie unter **www.fes.de/studienfoerderung**.

■ Konrad-Adenauer-Stiftung

Die Konrad-Adenauer-Stiftung steht der CDU nahe und vergibt seit 1965 Stipendien an Studierende.

Förderprinzipien. Gefördert werden überdurchschnittlich begabte Studierende aus dem In- und Ausland, die damit für Aufgaben in Politik und Wirtschaft, in Wissenschaft und Medien, im Kultur- und Verbandsbereich vorbereitet werden sollen. In den Genuss eines Stipendiums kommen insbesondere: Studierende mit exzellenten Leistungen, die bereit sind, sich gesellschaftspolitisch oder sozial zu

engagieren, Nachwuchs-Journalisten aller Fächer, Doktoranden, die bereits einen sehr guten Studienabschluss
vorweisen können und mit ihrer Promotion begonnen
haben, ausländische Studierende und Promovierende,
die in ihren Heimatländern bereits ein Studium erfolgreich
abgeschlossen haben, Künstler, die ihre Akademie- bzw.
Hochschulausbildung beendet haben oder sich im Aufbaustudium befinden, sowie Stipendiaten auf dem Weg
in den Beruf. Dabei legt die Stiftung Wert auf soziales
oder politisches Engagement und Offenheit für christlich-
demokratische Grundideen. Pro Jahr werden rund
2.700 Studierende und 500 Graduierte von der Konrad-
Adenauer-Stiftung gefördert.

Ideelle Förderung. Neben der finanziellen Förderung steht
den Stipendiaten ein studienbegleitendes umfangreiches
Seminarprogramm zur Verfügung. Einige Veranstaltungs-
besuche sind Pflicht. Außerdem werden die Studenten
individuell betreut und sie bekommen Hilfe bei der Suche
nach Praktika.

Bewerbung. Für ein Stipendium können Sie sich bewerben, wenn Sie nicht älter als 35 Jahre sind. Weitere
Voraussetzungen sind überdurchschnittliche Begabung,
charakterliche Reife und politische Aufgeschlossenheit.
Um überhaupt aufgenommen werden zu können, müssen
Sie noch mindestens vier Semester Studium innerhalb
der Regelstudienzeit vor sich haben. Ausländische Bewerber sollten bereits einen Abschluss im Heimatland
vorweisen können. Zweit- und Auslandsstudien außerhalb der EU werden generell nicht gefördert. Das zwei-
stufige Auswahlverfahren dauert drei bis vier Monate.
Eine interne Vorauswahl entscheidet über die Einladung
zu einer Tagung mit Klausuren, Gruppendiskussion und
Einzelgespräch. Wer dort überzeugt, hat zunächst ein
Jahr Probezeit vor sich. Wird diese erfolgreich bewältigt,
beginnt die Hauptförderung. Der Studierende kann damit

rechnen, innerhalb der Regelstudienzeit bis zum Ende des Erststudiums gefördert zu werden. Nach Ablauf der Probeförderungszeit können auch Auslandsstudien bis zu zwei Semester finanziell unterstützt werden.

Bewerbungstermine sind der 15. Januar und der 1. Juli. Für Promovierende und Graduierte gelten die Termine 15. Juli und 15. Dezember. Weitere Infos finden Sie auf der Homepage der Stiftung unter **www.kas.de/ begabtenfoerderung**.

■ Friedrich-Naumann-Stiftung für die Freiheit
Die Friedrich-Naumann-Stiftung (FNF) steht der FDP nahe. Sie wurde bereits 1958 gegründet und fördert seit 1973 den liberalen akademischen Nachwuchs der Bundesrepublik über das Studienwerk der FNF.

Förderprinzipien. Drei Dinge sind für die Förderung der Friedrich-Naumann-Stiftung von entscheidender Bedeutung: überdurchschnittliche wissenschaftliche Begabung, die Persönlichkeit eines jungen Menschen und gesellschaftliches oder politisches Engagement aus einer liberalen Grundhaltung heraus. Über die Studienförderung will die Partei vor allem die Annäherung an Osteuropa voranbringen. Derzeit werden rund 850 Studierende und Promovierende gefördert.

Ideelle Förderung. Neben Geld bietet die Stiftung Seminare, Ferienakademien und Arbeitskreise. Jeder Stipendiat wird individuell von Vertrauensdozenten beraten und betreut und es werden auf Wunsch Praktika vermittelt.

Bewerbung. Das Förderprogramm ist offen für deutsche Studierende ab dem zweiten Fachsemester, für ausländische frühestens nach dem Bachelor oder Vordiplom, sofern Bewerber die Voraussetzungen erfüllen und das Auswahlverfahren erfolgreich bestehen. Das gilt sowohl

für Universitäten als auch für Fachhochschulen. Teilzeit-
studenten, Post-Doc-Kandidaten und Studierende an
Berufsakademien gehen leer aus. Bewerbungsschluss ist
jeweils am 15. Mai und 15. November eines Jahres. Wer
reinkommt, wird zunächst für ein Jahr gefördert. Zeigt ein
Student entsprechende Leistungen, gibt es bis zum Ende
des Studiums Geld. Weitere Infos zu den Bewerbungs-
formalitäten bekommen Sie unter www.freiheit.org,
Menüpunkt „Stipendien".

■ Hanns-Seidel-Stiftung

Diese Stiftung steht der CSU nahe und wurde 1967 ge-
gründet. Sie gehört zu den jüngeren unter den deutschen
Begabtenförderungswerken und vergibt erst seit 1981
Stipendien.

Förderprinzipien. Wer in den Kreis aufgenommen werden
möchte, muss zum einen überdurchschnittliche Schul-
und Studienleistungen und zum anderen gesellschafts-
politisches Engagement vorweisen können. Das kann
im Bereich offene Jugendarbeit sein, im sozialen oder
parteipolitischen Bereich oder in studentischen Organisationen. Wertvorstellungen im Sinne der christlichen
Weltanschauung runden das Idealbild eines Stipendiaten
der Hanns-Seidel-Stiftung ab. Jährlich werden rund 60
Studierende und 70 Graduierte neu in die Förderung aufgenommen.

Ideelle Förderung. Dazu gehören unter anderem Akademien, Medien- und Rhetorikseminare und Tagungen, an
denen die Teilnahme Pflicht ist. Zudem ist jeder Stipendiat Mitglied der Hochschulgruppe. Pflicht ist auch die
Teilnahme an einer Grundakademie plus einer Aufbau-
akademie im Hauptstudium.

Bewerbung. Die Stiftung fördert unter anderem junge,
hochqualifizierte ausländische Wissenschaftler, um damit

einen Beitrag zur Weiterentwicklung deren Heimatländer
zu leisten. Zudem werden Studenten und Promovierende
aller Hochschulen und Fachhochschulen in Deutschland
gefördert. Der beste Zeitpunkt für eine Bewerbung ist
nach einem Semester, wenn Sie bereits Scheine vorweisen können. Zweitstudien werden generell nicht
gefördert. Gleiches gilt für reine Auslandsstudien und
Studenten, die älter als 32 Jahre sind. Unistudenten und
Graduierte müssen ihren Antrag bis zum 15. Januar bzw.
15. Juli eines Jahres abgeben, Fachhochschulstudenten
zum 31. Mai bzw. 30. November. Mehr Informationen finden Sie unter www.hss.de, Menüpunkt „Stipendium".

■ Heinrich-Böll-Stiftung

Die Heinrich-Böll-Stiftung steht Bündnis 90/Die Grünen
nahe und fördert unter dem Motto „Rückenwind für
Talente" jährlich rund 1.000 Studierende und Promovierende. In ihrer jetzigen Form existiert sie seit 1996/1997.

Förderprinzipien. Die Stipendien werden an besonders
begabte, politisch interessierte Studierende und Graduierte aller Fachrichtungen vergeben. Bei der Auswahl legt
die Stiftung besonderes Augenmerk auf Werte wie Öko-
logie, Demokratie, Solidarität und Gewaltfreiheit sowie
Migration und Geschlechterdemokratie. Wie die Konrad-
Adenauer-Stiftung verfolgt auch die Heinrich-Böll-Stiftung
das Ziel, zukünftige Fach- und Führungskräfte in Wissenschaft, Politik, Medien, Wirtschaft und Gesellschaft zu
fördern.

Ideelle Förderung. Neben der finanziellen Förderung
offeriert die Stiftung zahlreiche Veranstaltungen und
Seminare. Für die Betreuung der Stipendiaten stehen Vertrauensdozenten und Mentoren an fast allen deutschen
Universitäten bereit.

Bewerbung. Vor allem Bewerbungen von Studenten der Sozial- und Geisteswissenschaften, Kunst- und Kulturwissenschaften sowie Wirtschafts- und Rechtswissenschaften sind willkommen. Bevorzugt werden Frauen in naturwissenschaftlichen und technischen Studiengängen, Bewerber mit Migrationshintergrund und Studierende aus Osteuropa. Grundsätzlich sollten alle hervorragende Leistungen vorweisen und belegen können, dass sie bereit sind, gesellschaftliche Verantwortung zu übernehmen. Bewerbungen werden erst nach Ende des ersten Semesters angenommen und geeignete Studierende nach ihrer Kurzbewerbung zu einer ausführlichen aufgefordert. Als dritte Stufe folgt ein Auswahl-Workshop mit Einzelgesprächen und Gruppendiskussionen. Bewerbungsschluss für Studierende und Graduierte ist jeweils am 1. März und 1. September eines Jahres. Weitere Infos unter **www.boell.de/studienwerk**.

■ Rosa-Luxemburg-Stiftung

Die Rosa-Luxemburg-Stiftung vergibt als Stiftung der Partei DIE LINKE erst seit Ende 1999 Stipendien.

Förderprinzipien. Aus der Geschichte der Partei heraus werden vor allem Studenten gefördert, die sich für soziale Gerechtigkeit und Solidarität, Demokratie und die Freiheit kritischen Denkens einsetzen. Hauptanliegen der Stiftung ist die Aufrechterhaltung des demokratischen Sozialismus, Internationalismus, Feminismus, Antifaschismus und Antirassismus. Zudem werden politisches und gesellschaftliches Engagement sowie gute Leistungen grundsätzlich vorausgesetzt. Aktuell erhalten über 1.000 Studierende und Promovierende ein Stipendium. In der Regel werden pro Jahr ca. 150 Stipendiaten neu aufgenommen.

Ideelle Förderung. Neben Einführungsseminaren und Seminaren zu Techniken des wissenschaftlichen Arbeitens sind Ferienakademien, Workshops und Bildungsreisen im

Angebot. Die Teilnahme an einzelnen Seminaren ist obligatorisch. Daneben werden die Stipendiaten individuell betreut und beraten.

Bewerbung. Bis zum 15. Oktober bzw. 15. April jedes Jahres können sich Studierende an Universitäten und Fachhochschulen bewerben. Vorausgesetzt, sie studieren ab dem Beginn der Förderung noch mindestens vier Semester innerhalb der Regelstudienzeit. Bewerben kann sich jeder selbst. Ist die erste Hürde genommen, folgt ein zweistufiges Verfahren mit Vorauswahl und Auswahltagung. Nur in Ausnahmefällen werden Aufbaustudien gefördert, Zweitstudien generell nicht. Weitere Infos finden Sie unter **www.rosalux.de**, Menüpunkt „Stipendien".

■ Cusanuswerk
Das Cusanuswerk ist eine Einrichtung der katholischen Kirche. Es wurde 1956 ins Leben gerufen und steht unter Aufsicht der katholischen Deutschen Bischofskonferenz.

Förderprinzipien. Um in den Genuss der kirchlichen Förderung zu kommen, muss ein Student Katholik und an einer staatlichen Hochschule immatrikuliert sein. Zudem sollte er noch mindestens fünf Semester Studium innerhalb der Regelstudienzeit vor sich haben. Zu den Grundvoraussetzungen gehören hervorragende Leistungen im Studienfach und die Fähigkeit, Verantwortung zu übernehmen. Wichtig ist der Stiftung auch, dass die Bewerber ihren Glauben leben. In der Regel werden 20 Prozent aller Bewerber aufgenommen, bis zu 120 Studierende pro Jahr.

Ideelle Förderung. Dazu gehören Jahrestreffen, Akademien, Fachschaftstagungen und Workshops sowie Besinnungstage. Die Teilnahme an mindestens einer Veranstaltung pro Jahr ist obligatorisch. Darüber hinaus werden die Stipendiaten auf Wunsch individuell beraten und betreut.

Bewerbung. Jeder katholische Studierende kann sich selbst für ein Stipendium bewerben oder von einem Hochschullehrer, Schulleiter oder einem Ehemaligen vorgeschlagen werden. Um endgültig in die Riege der Cusanuswerk-Stipendiaten aufgenommen zu werden, müssen sich Bewerber einem strengen Auswahlverfahren stellen. Informationen unter www.cusanuswerk.de, Menüpunkte „Förderung" und „Bewerbung".

■ Evangelisches Studienwerk Villigst

Das Evangelische Studienwerk Villigst ist das Förderungswerk der Evangelischen Kirche in Deutschland. Gegründet wurde es 1948, um nach der nationalsozialistischen Diktatur eine andere geistige Bildung zu ermöglichen.

Förderprinzipien. Bei der Auswahl der Stipendiaten wird großer Wert auf soziale Verantwortung, Widerspruchstoleranz und demokratisches Denken gelegt. Jede Fachrichtung ist willkommen. Grundvoraussetzung ist in der Regel die Zugehörigkeit zur evangelischen Kirche, eine überdurchschnittliche fachliche Begabung und soziales Engagement. Derzeit werden rund 1.000 Studierende aller Fachrichtungen sowie 250 Promovierende gefördert – darunter auch 50 aus osteuropäischen EU-Staaten.

Ideelle Förderung. Stipendiaten erhalten eine individuelle Beratung, die um ein Seminarprogramm mit Sommeruniversität, Sprachkursen, Praktika, Bildungsveranstaltungen, Tagungen und Workshops ergänzt wird. Zudem sind die Stipendiaten auf allen Entscheidungsebenen beteiligt und bestimmen die Entwicklung der Stiftung mit.

Bewerbung. Abiturienten und Studierende können sich in Eigeninitiative bewerben. Von Stipendiaten wird erwartet, dass sie sich während ihres Studiums in verschiedenen Bereichen engagieren. Unistudenten dürfen zum Zeitpunkt der Bewerbung das vierte Fachsemester

nicht überschritten haben, Fachhochschulstudenten das
dritte. Bewerbungsschluss ist jeweils der 1. März und
1. September eines Jahres. Alle über 35 müssen ihrer Bewerbung einen Sonderantrag beifügen, ebenso alle, die
nicht evangelisch sind. Zudem müssen alle Bewerber eine
Bearbeitungsgebühr in Höhe von 12 Euro zahlen, die bis
zum Bewerbungsschluss eingegangen sein muss. Mehr
unter www.evstudienwerk.de.

■ **Ernst Ludwig Ehrlich Studienwerk**
Das ELES gehört zu den neuesten Begabtenförderungswerken und unterstützt begabte jüdische Studierende
und Promovierende. Nicht jüdische Promovierende können sich bewerben, wenn sie an einem Thema arbeiten,
das eng mit der jüdischen Gemeinschaft verbunden ist.

Förderprinzipien. Bei den Stipendiaten sollen jüdische
Identität, Dialogfähigkeit und Verantwortungsbewusst-
sein gestärkt werden. Erwartet werden überdurchschnittliche Schul- und Studienleistungen, aber auch Einsatz
darüber hinaus: in jüdischen Gemeinden, im sozialen
Bereich, in der Jugendarbeit, in studentischen Organisationen und im gesellschaftlichen Umfeld. Das Studienwerk
möchte damit eine Lücke der Geschichte schließen und
Begabungen in der jüdischen Gemeinschaft fördern. Von
den Stipendiaten wird erwartet, dass sie sich regelmäßig
mit den Vertrauensdozenten austauschen und sich nach
Ende der Förderung aktiv im Alumni-Netzwerk des ELES
beteiligen.

Ideelle Förderung. Interdisziplinäre Kollegs bieten die
Möglichkeit, sich mit internationalen Studierenden und
Promovierenden fächerübergreifend auszutauschen und
Themen der Gegenwart im Umfeld der eigenen religiösen
Tradition zu reflektieren. Gastvorträge und Exkursionen
ergänzen das Programm. Besonderer Höhepunkt ist eine
jährlich stattfindende Auslandsakademie in Israel. Außer

dem Bildungsprogramm gehört auch die Begleitung durch Vertrauensdozenten und rabbinische Studienleiter des Studienwerks dazu. Zudem können die Stipendiaten das Rahmenprogramm mitgestalten.

Bewerbung. Jüdische Abiturienten, Studierende und Promovierende (Ausnahmen siehe oben) mit deutscher oder EU-Staatsangehörigkeit sowie Bildungsinländer können sich für die Auswahlverfahren bewerben. Dafür müssen sie noch mindestens fünf Semester Regelstudienzeit vor sich haben. Promotionsstipendien werden für die Regelförderdauer von zwei Jahren vergeben und in Einzelfällen um zweimal sechs Monate verlängert. Sie können auch an einer ausländischen Hochschule gefördert werden. Wer die erste Hürde nimmt, wird zu einem mehrtägigen Auswahlseminar mit fachlichem und persönlichem Bewerbungsgespräch eingeladen. Bewerbungsschluss ist jeweils der 1. Juli sowie der 1. Januar eines Jahres. Weitere Infos unter **www.eles-studienwerk.de**.

■ Avicenna-Studienwerk

2013 kam mit dem Avicenna-Studienwerk das jüngste staatliche Begabtenförderungswerk dazu, das leistungsstarke und gesellschaftlich besonders engagierte muslimische Studierende und Doktoranden aller Fachbereiche unterstützen soll. In begründeten Ausnahmefällen – wenn sich etwa jemand in besonderer Weise für den Dialog mit dem Islam einsetzt oder im Studium einen spezifischen Islambezug aufweist – können auch Personen anderer konfessioneller Zugehörigkeit als Stipendiaten aufgenommen werden.

Förderprinzipien. Das Ziel der neuen Stiftung ist es, an der Heranbildung verantwortungsbewusster und qualifizierter muslimischer Persönlichkeiten mitzuwirken und diese angemessen auf Führungspositionen in Wissenschaft, Zivilgesellschaft, Wirtschaft, Politik und Kultur vorzubereiten. Erwartet werden überdurchschnittliche schulische bzw. akademische Leistungen, soziales Engagement sowie eine überzeugende Begründung für die Bewerbung.

Ideelle Förderung. Neben der finanziellen Förderung haben die Stipendiaten die Möglichkeit, an einer Reihe von Veranstaltungen und Fortbildungen teilzunehmen, die interdisziplinär ausgerichtet sind. Darin sollen aktuelle Themen diskutiert und die Auseinandersetzung mit dem islamischen Glauben ermöglicht werden. Dazu kommen studienbegleitende Betreuung durch Vertrauensdozenten, Vernetzung mit anderen Stipendiaten, Seminare zu religionsbezogenen Themen, Sommerschulen und Sprachkurse.

Bewerbung. Für die Studierendenförderung können sich Abiturienten, Studierende sowie Promovierende bewerben, die muslimischer Konfession sind (Ausnahmen siehe oben), EU-Bürger sowie Bildungsinländer, und die an einer staatlichen oder staatlich anerkannten deutschen Hochschule immatrikuliert sind. Sie müssen zum Zeitpunkt der Bewerbung noch mindestens vier Semester innerhalb der Regelstudienzeit vor sich haben. Weitere Infos unter **www.avicenna-studienwerk.de**.

■ Studienstiftung des deutschen Volkes

Die Studienstiftung des deutschen Volkes ist das größte Begabtenförderwerk Deutschlands und politisch, konfessionell und weltanschaulich unabhängig. Sie wurde bereits 1925 als „Wirtschaftshilfe der Deutschen Studentenschaft" gegründet, während des Nationalsozialismus aufgelöst und 1948 neu gegründet. Seit Februar 2010 gibt es bei der Stiftung einen weiteren Zugangsweg, der das Vorschlagssystem ergänzt: die Selbstbewerbung. Weitere Infos unter ⋯⟩ Bewerbung.

Förderprinzipien. Nach eigenen Angaben betreibt sie Nachwuchsförderung für Wissenschaft, Wirtschaft, Verwaltung und Kunst. Bewerber sollen sich durch Leistung, Initiative und Verantwortung auszeichnen. Keine Rolle spielen dagegen wirtschaftliche und soziale Aspekte, politische Überzeugungen, Weltanschauung, Konfession und Geschlecht. Die Stiftung will ihren Stipendiaten vor allem Weltoffenheit sowie Schlüssel- und Zusatzqualifikationen für die spätere Tätigkeit vermitteln.

Ideelle Förderung. Zum rein fakultativen Programm gehören Sommeruniversitäten, Sprachkurse, Kurztagungen sowie die Betreuung durch Vertrauensdozenten. Ebenso werden Praktika und Kontaktseminare angeboten. Zusätzlich zum normalen Stipendium können Stipendiaten besondere Unterstützung für Studien, Famulaturen oder Praktika im Ausland erhalten. Postgraduiertenprogramme bieten darüber hinaus die Möglichkeit, die Ausbildung nach dem Studium an einer ausländischen Hochschule zu ergänzen.

Bewerbung. Die Studienstiftung fördert deutsche Studierende bis 35 Jahre an inländischen Universitäten, Technischen Hochschulen und Fachhochschulen sowie Kunst- und Musikhochschulen. Auch Studenten aus der EU können sich bewerben, sofern sie ihr Studium vorwiegend in Deutschland absolvieren. Voraussetzung ist, dass sie sich im ersten oder zweiten Semester befinden. Zweit-, Zusatz- oder Aufbaustudien werden grundsätzlich nicht gefördert, wozu auch ein Studienfachwechsel nach mehr als vier Semestern zählt. Die Aufnahme läuft hauptsächlich über drei Wege: durch den Sieg bei einem Bundeswettbewerb, durch einen Vorschlag der Schulleitung oder den eines Professors. Seit 2010 haben Abiturienten und Studierende auch die Möglichkeit, sich selbst zu bewerben und sich einem Auswahltest zu unterziehen. Dieser wird unter Aufsicht in verschiedenen Testzentren am Computer durchgeführt und prüft Fähigkeiten, die für erfolgreiches Studieren wichtig sind. Er setzt kein spezifisches Wissen voraus und kostet 50 Euro oder ermäßigt 25 Euro für BAföG-Empfänger und Studierende aus nicht akademischen Elternhäusern. Wird ein Stipendiat vor der Zwischenprüfung aufgenommen, bleibt er zunächst für drei Semester im Programm. Bei entsprechenden Leistungen folgt danach die endgültige Aufnahme. Weitere Informationen finden Sie unter www.studienstiftung.de.

■ Hans-Böckler-Stiftung

Die Stiftung steht dem Deutschen Gewerkschaftsbund nahe und wurde 1977 gegründet. Mit über 2.200 Stipendiaten ist sie das zweitgrößte Studienförderwerk Deutschlands. Sie hat es sich zur Aufgabe gemacht, gerade Talente aus bildungsbenachteiligten Bevölkerungsschichten zu unterstützen. Seit einiger Zeit können sich im Rahmen der Böckler-Aktion Bildung auch Schüler bewerben, die ihren Studienwunsch nicht verwirklichen, weil sie glauben, sich ein Studium nicht leisten zu können. Eine Selbstbewerbung war zuvor nicht möglich.

Förderprinzipien. Mit ihrer Studienförderung will die Stiftung einen Beitrag zu mehr Chancengleichheit im deutschen Bildungssystem leisten. Aus diesem Grund werden vorrangig Kinder von Arbeitnehmern sowie Absolventen des zweiten Bildungswegs gefördert, die sich gewerkschaftlich sowie gesellschaftspolitisch engagieren. Ein wichtiges Ziel der Stiftung ist es, Berufstätigen ein Studium zu ermöglichen. Für die Auswahl sind generell materielle Bedürftigkeit, eine hohe Leistungsbereitschaft und die Perspektiven für ein künftiges gesellschaftliches Engagement maßgebend.

Ideelle Förderung. Dazu zählen neben einer intensiven Studienberatung rund 100 Seminare, Workshops und Tagungen, die größtenteils von Stipendiaten vorbereitet

und durchgeführt werden. Daneben gibt es ein Praktikums-
programm sowie Betreuung durch Vertrauensdozenten.

Bewerbung. Die Stiftung fördert Studierende an staatlichen Hochschulen und Fachhochschulen ab dem ersten
Semester. Schüler an Abendgymnasien werden nur
aufgenommen, wenn sie ihren Beruf nicht mehr ausüben dürfen. Zweit- und Aufbaustudien werden nicht
unterstützt. Ausnahme: ein Ergänzungsstudium, das zur
Promotionsreife führt. Um infrage zu kommen, müssen
Bewerber noch die Hälfte des Studiums vor sich haben. In
der Regel kann man sich nicht selbst bewerben, sondern
muss von seiner Gewerkschaft vorgeschlagen werden.
Wer (noch) kein Mitglied ist, kann sich an die örtliche
Stipendiatengruppe wenden. Zudem besitzen die Vertrauensdozenten ein Vorschlagsrecht.

Neuerdings dürfen sich auch Schüler im Rahmen der
Böckler-Aktion Bildung selbst bewerben. Die Böckler-
Aktion Bildung richtet sich an Schüler, die ihren Studienwunsch nicht verwirklichen, weil sie glauben, sich ein
Studium nicht leisten zu können. Es können sich Schüler
bewerben, die auf dem Weg sind, ihr Abitur oder die
Fachhochschulreife zu erlangen. Bewerben können sich
auch diejenigen, die sich erst kürzlich für den Hochschul-
zugang qualifiziert haben. Zwischen der Erlangung der
Studienberechtigung und dem Beginn des Studiums
sollten nicht mehr als zwölf Monate liegen. Bei Bewerbungsschluss dürfen sich die Bewerber maximal im
ersten Semester ihres ersten Studiums befinden. Für den
zweiten Bildungsweg ist die Böckler-Aktion Bildung nicht
gedacht. Die Altersgrenze liegt in der Regel bei 40 Jahren.
Es gibt jedoch bis zu vier Stipendien pro Jahr für ältere
Gewerkschaftsmitglieder, wenn Biografie und Berufs-
perspektive dies rechtfertigen. Promotionen werden im
Regelfall zwei Jahre unterstützt, wobei die Förderung im
Einzelfall zweimal um sechs Monate verlängert werden

kann. Weitere Infos unter www.boeckler.de, Menüpunkt „Stipendien".

■ Stiftung der Deutschen Wirtschaft

Die Stiftung der Deutschen Wirtschaft ist arbeitgebernah und wurde erst 1994 gegründet. Sie ist konfessionell unabhängig, überparteilich und wird von Unternehmen und Arbeitgeberverbänden getragen.

Förderprinzipien. Stipendien sollen vorrangig an leistungsstarke, gesellschaftlich engagierte Studierende und Promovierende vergeben werden, die Eigeninitiative, Unternehmergeist und Gestaltungswillen mitbringen. Das Kernanliegen der Stiftung ist es, unternehmerisches Denken und Handeln in gesellschaftlicher Verantwortung zu stärken. Zugelassen sind alle Fachrichtungen, besonders gern gesehen sind jedoch Bewerber aus natur- und ingenieurwissenschaftlichen Studienfächern. Pro Jahr werden 250 neue Stipendiaten aufgenommen, insgesamt sind momentan rund 1.700 Stipendiaten in der Förderung.

Ideelle Förderung. Neben der finanziellen Förderung eröffnet sich den Stipendiaten ein breites Angebot an Seminaren, Kolloquien, Ferienakademien und Workshops sowie der Austausch mit Unternehmen. Zum Teil ist die Teilnahme obligatorisch. Die Studierenden werden von Vertrauensdozenten betreut.

Bewerbung. Selbstbewerbungen sind bei dieser Stiftung ausdrücklich erwünscht. Bewerben können sich Studierende in Bachelor-, Master-, Diplom-, Magister- oder Staatsexamensstudiengängen. Weitere Voraussetzung: die EU-Staatsbürgerschaft. Zweit- und Aufbaustudiengänge werden nicht gefördert. Zudem sollten Bewerber nicht älter als 32 sein. Für den Antrag brauchen Sie drei fachliche Einschätzungen von Fachlehrern aus verschiedenen Bereichen. Wer sich für ein Stipendium der Stiftung

interessiert, sollte sich zunächst an einen Vertrauensdozenten der Stiftung an der Hochschule oder in der Region
wenden. Nach einem ersten Bewerbungsgespräch folgt
gegebenenfalls ein zentrales Auswahlverfahren mit As-
sessment-Center. Weitere Infos finden Sie online unter
www.sdw.org/studienfoerderwerk-klaus-murmann.

*   Das „Who's who" der Stiftungen

Außer den dreizehn staatlichen Begabtenförderungswerken gibt es viele weitere Stiftungen, Organisationen,
Kommunen und Unternehmen in Deutschland, die
Stipendien vergeben. Viele davon sind der Allgemeinheit
kaum bekannt. Deshalb kann eine Bewerbung bei diesen
manchmal erfolgreicher sein als bei den Großen. Es lohnt
sich also, ein wenig Zeit zu investieren und sich auf die
Suche nach dem richtigen Stipendium zu machen.

Nachschlagewerk. Das „Verzeichnis Deutscher Stiftungen" ist das „Who's who" der Stiftungen in Deutschland
und bietet den wohl umfangreichsten Überblick über deren Fördermöglichkeiten. Es erscheint jährlich und enthält
rund 22.000 Stiftungsporträts mit Kontaktdaten, Angaben
zu Stiftungszweck und Fördermaßnahmen. Sie finden es
in jeder größeren Bibliothek, häufig auch auf CD-ROM.

WorldWideWeb. Der Bundesverband Deutscher Stiftungen ist auch im Internet vertreten. Online können Sie in
dessen Datenbank gezielt nach der richtigen Stiftung
suchen. Von dort aus werden Sie in der Regel gleich auf
die Homepage der jeweiligen Organisation verlinkt, wo
es nähere Informationen zu den Anforderungen und
Bewerbungsformalia gibt. In den meisten Fällen können
die kompletten Bewerbungsunterlagen heruntergeladen und ausgedruckt werden. Diese Datenbank finden
Sie unter **www.stiftungen.org**, Menüpunkt „Service" ›
„Stiftungssuche".

Deutschlandstipendium

Mit fast 20.000 vergebenen Stipendien für 2013 hat
sich das von der Bundesregierung erst 2011 eingeführte
Deutschlandstipendium inzwischen fest an den Hochschulen etabliert. Diese können frei entscheiden, ob sie
daran teilnehmen wollen: 2014 waren es rund drei Viertel.
Damit haben bundesweit 90 Prozent aller Studierenden
die Möglichkeit, sich für das Programm zu bewerben. Es
kommen jedoch maximal 1,5 Prozent der Studierenden jeder Hochschule in den Genuss der finanziellen Förderung.

Förderprinzipien. Gefördert werden Studierende aller
Nationalitäten in einem Erst-, Zweit- oder Ergänzungsstudium sowie Masterstudiengang. Doch erstklassige Noten
allein reichen nicht. Vorausgesetzt wird zudem gesellschaftliches Engagement beispielsweise in Vereinen oder
in der Hochschulpolitik, in kirchlichen oder politischen
Organisationen sowie der Einsatz im sozialen Umfeld, in
der Familie oder in einer sozialen Einrichtung. Berücksichtigt wird auch, wenn jemand Hürden überwindet, die sich
aus seiner familiären oder kulturellen Herkunft ergeben.

Förderung. Die Stipendiaten werden mit je 300 Euro im
Monat unterstützt – unabhängig von deren Einkommen
und dem ihrer Eltern oder Ehepartner. 150 Euro steuert
der Bund bei, die andere Hälfte kommt von privaten
Förderern. Die Hochschule, an der der Stipendiat immatrikuliert ist, zahlt das Stipendium aus und muss die
entsprechenden Mittel bei privaten Stiftern selbstständig
einwerben. Die können außerdem zusätzliche Förde-
rungen wie Praktika, Weiterbildungs- oder Informations-
veranstaltungen anbieten.

Bewerbung. Die Hochschulen schreiben die Deutschland-
stipendien öffentlich aus und informieren über deren Zahl
und eventuelle fachliche Zuordnung sowie über die erfor-

derlichen Nachweise und Unterlagen. Begabte Studierende und Studienanfänger können sich also direkt bei einer teilnehmenden Uni oder FH bewerben. Diese können das Auswahlverfahren frei gestalten, sie wählen die Stipendiaten aus und sprechen potenzielle Geldgeber an. Ziel des Stipendiums ist es, den Studierenden während der gesamten Regelstudienzeit den Rücken freizuhalten. Daher wird es für mindestens zwei Semester bewilligt. Im Anschluss prüft die Hochschule erneut, ob alle Förderkriterien erfüllt sind und nach wie vor private Mittel zur Verfügung stehen. Weitere Informationen dazu unter www.deutschlandstipendium.de.

Auslandsstipendien

Immer mehr deutsche Studenten zieht es ins Ausland, und das oft nicht mehr nur für ein oder zwei Semester, sondern für das gesamte Studium. Inzwischen haben Politik und Organisationen darauf reagiert. So kann mittlerweile ein ganzes Hochschulstudium innerhalb der EU und der Schweiz bis zum Abschluss mit BAföG und teilweise auch Stipendien gefördert werden. Wer da leer ausgeht, kann sich an andere Organisationen wenden, die Studierende während ihrer Auslandsaufenthalte unterstützen, wie beispielsweise der DAAD.

■ DAAD – Deutscher Akademischer Austauschdienst

Der DAAD ist eine Gemeinschaftseinrichtung der deutschen Hochschulen. Er wurde 1925 ins Leben gerufen, 1945 aufgelöst und im Jahr 1950 neu gegründet.

Förderprinzipien. Der Austauschdienst versteht sich als Mittler auswärtiger Kulturpolitik. Eine seiner Hauptaufgaben besteht darin, ausländische Studierende in Deutschland und deutsche Studenten im Ausland über Stipendien zu fördern. Dafür hat er über 250 einzelne Förderpro gramme im Angebot, die vorwiegend aus Bundesmitteln und von der EU finanziert werden. Die meisten DAAD-Programme basieren auf fünf strategischen Zielen. Eines davon ist, dass ausländische Nachwuchseliten gefördert werden sollen, um künftige Führungspersönlichkeiten in Wissenschaft und Kultur, Wirtschaft und Politik als Partner und Freunde für Deutschland zu gewinnen. Gleiches gilt natürlich für den deutschen Nachwuchs, damit der sich möglichst international qualifizieren kann. Außerdem soll die Internationalität und Attraktivität deutscher Hochschulen gefördert werden, damit Deutschland eine erstklassige Adresse für den wissenschaftlichen Nachwuchs aus aller Welt bleibt bzw. wird.

Förderung. Bei so vielen unterschiedlichen Programmen lässt sich schwer pauschal etwas zur ideellen oder materiellen Förderung durch den DAAD sagen. Vom kurzfristigen Austausch für Forschung oder Lehre bis hin zum mehrjährigen Promotionsstipendium ist für alle Fachrichtungen etwas dabei. Ein erheblicher Teil der DAAD-Arbeit entfällt auf die Betreuung der Stipendiaten. Dazu gehören Besuche der Fachreferenten, Einführungsveranstaltungen an den Hochschulen und vom DAAD organisierte Stipendiatentreffen sowie regelmäßige Betreuungsmaßnahmen. Auf der Internetseite des DAAD können Sie gezielt nach einem Stipendium suchen, das zu Ihnen passt, und sich durch die Stipendiendatenbank klicken. Neben Angeboten des Austauschdienstes finden sich dort auch die anderer Förderorganisationen. Suchkriterien sind unter anderem Fachrichtung, Zielland und Status. Neben der Förderung eines integrierten Auslandsstudiums vergibt der Austauschdienst beispielsweise Stipendien für Fach- und Sprachkurse, übernimmt einen Teil der Reisekosten von Praktikanten im Ausland und steuert auch bei Studiengruppenreisen etwas bei.

Bewerbung. Beim DAAD finden fast alle das Richtige:
Studierende, Graduierte, Praktikanten, Doktoranden/
Promovierende, wissenschaftliche Mitarbeiter und Dozenten aller Fachrichtungen. Grundsätzlich: begabte
und hoch qualifizierte Menschen aus dem In- und Ausland. Stipendien werden nie für Vollstudien im Ausland
gewährt, sondern nur für einen begrenzten Zeitraum.
Zudem werden Studienanfänger nie gefördert. Zum Zeitpunkt der Bewerbung müssen Sie mindestens im dritten
Fachsemester sein. Einzelheiten zu den Voraussetzungen
der Bewerbung und den Bedingungen stehen sowohl
auf der Internetseite des DAAD als auch in der Broschüre
„Studium, Forschung, Lehre im Ausland. Förderungsmöglichkeiten für Deutsche", die bei den Akademischen
Auslandsämtern oder den Studentensekretariaten der
Hochschulen eingesehen werden kann. Alle Infos finden
Sie aber auch unter www.daad.de.

■ Erasmus-Programm
Da immer mehr Studierende einen Teil oder das gesamte
Studium im Ausland verbringen wollen, bietet auch die EU
eine Reihe von Programmen an. Über das Erasmus-Programm werden schon seit 25 Jahren Studienaufenthalte
und Praktika von der Europäischen Kommission gefördert.

Förderprinzipien. Es steht prinzipiell Studierenden aller
Fachrichtungen ab dem ersten Studienjahr offen, die an
europäischen Hochschulen studieren und beabsichtigen,
ein Studium oder Praktikum im Ausland zu absolvieren.
Zum Erfolg des Programms trägt auch bei, dass rund
90 Prozent aller Universitäten in der EU daran teilnehmen.

Förderung. Als Erasmus-Stipendiat zahlt man im Ausland
keine Studiengebühren. Zudem werden im Ausland erwor-
bene Leistungen im Rahmen des European Credit Transfer
System (ECTS) an der deutschen Hochschule anerkannt.
Obendrauf gibt es eine monatliche Förderung – einen Mo-

bilitätskostenzuschuss – von bis zu 300 Euro für ein Studium bzw. 400 Euro für ein Praktikum. Wichtig zu wissen ist, dass diese Stipendien mit BAföG (⸱⸱⸱> Seite 60 ff.) und Deutschlandstipendium (⸱⸱⸱> Seite 133 f.) kombinierbar sind und den steuerlichen Ausbildungsfreibetrag der Eltern nicht mindern. Wer seine Kinder mit ins Ausland nimmt, erhält ebenso wie behinderte Studierende zusätzlich Geld. Gefördert wird drei bis zwölf Monate.

Bewerbung. Eine entscheidende Voraussetzung für die Bewerbung um ein Erasmus-Stipendium ist, dass die eigene Hochschule am Programm teilnimmt. In dem Fall gibt es üblicherweise einen lokalen Erasmus-Beauftragten, bei dem Sie sich bewerben können und der auch für die Auswahl verantwortlich ist. In der Regel gehen Studierende im fünften Semester des Bachelors und im dritten Semester des Masters ins Ausland. Da die Vorlaufzeiten sehr lang sind, ist es wichtig, sich frühzeitig an das Akademische Auslandsamt der Uni bzw. die Koordinatoren zu wenden. Eine „exotischere" Wunschuniversität kann die Chancen auf Erfolg übrigens deutlich erhöhen. Praktika können meist auch kurzfristig angefragt werden. Weitere Infos unter **www.eu.daad.de**.

■ Fulbright-Kommission
Die Fulbright-Kommission vergibt seit 1952 Stipendien für einen Studien-, Forschungs- oder Lehraufenthalt außerhalb der USA an Amerikaner und an Nichtamerikaner in den USA. Das Programm hat internationale Reichweite und ermöglicht den Austausch zwischen den Vereinigten Staaten und mehr als 180 Ländern weltweit. Pro Jahr nehmen über 4.500 Stipendiaten teil.

Förderprinzipien. Das Anliegen der Organisation ist es, durch akademischen und kulturellen Austausch das gegenseitige Verständnis zwischen den USA und anderen Ländern zu fördern. Das besondere Merkmal des

Deutsch-Amerikanischen Fulbright-Programms ist der Studentenaustausch.

Ideelle Förderung. Die Stipendiaten nehmen an einer Vorbereitungstagung teil, werden durch die Fulbright-Kommission betreut und bei Studienplatzwahl und Einschreibung an der amerikanischen Universität beraten. In den USA angekommen, haben sie die Möglichkeit, an speziellen Fulbright-Seminaren teilzunehmen. Pro Jahr werden über das deutsche Fulbright-Programm – übrigens das größte – rund 700 Stipendien vergeben.

Materielle Förderung. Wer mit einem Vollstipendium in das Fulbright-Programm aufgenommen wird, bekommt für die Dauer eines Studienjahres ein Rundum-sorglos-Paket. Es stehen bis zu 34.500 Dollar für Lebenshaltungskosten und Studiengebühren zur Verfügung. Zusätzlich werden Reisekosten plus Gebühren für das Gesundheitszeugnis oder Sprachtests, die Kranken- und Unfallversicherung sowie die Visabeantragung übernommen.

Bewerbung. Grundsätzlich stehen die Stipendienprogramme allen Fachgebieten offen. Nur für Medizin und Rechtswissenschaften gelten Einschränkungen. Wer sich bewerben möchte, muss deutscher Staatsbürger sein: Deutschamerikaner haben also keine Chance auf eine Förderung. Ab dem dritten Fachsemester können sich Studierende und Graduierte an Unis bei den Akademischen Auslandsämtern der Hochschulen für ein Fulbright-Stipendium bewerben. Die leiten die Anträge an die Kommission weiter. Haben Sie Glück, folgen weitere Auswahlgespräche. Gefördert wird jeweils für ein akademisches Jahr, also für neun Monate. Bei der Bewerbungsfrist heißt es aufpassen: Die endet schon im Juni für eine Förderung im August des darauffolgenden Jahres. Weitere Informationen zu den Bewerbungsmodalitäten für Jahresstipendien finden Sie unter www.fulbright.de/tousa.

Firmenstipendien

Auch Firmen vergeben hierzulande Stipendien, nicht nur Großkonzerne, sondern auch Unternehmen aus dem Mittelstand. Ziel ist häufig, einen Teil der Gewinne sozialen Zwecken zukommen zu lassen. Gerade in Zeiten des Fachkräftemangels dienen sie auch dazu, frühzeitig geeigneten akademischen Nachwuchs an sich zu binden. Bei Firmenstipendien stehen häufig also klare wirtschaftliche Interessen im Vordergrund.

Nahezu alle Firmenstipendien eint der strenge Bezug auf die Studienrichtungen. In der Praxis sind das oft ingenieur- und wirtschaftswissenschaftliche Studiengänge, auch naturwissenschaftlich-technische Disziplinen wie Chemie und Physik sind dabei. Angehende IT- und Multimediaspezialisten gehören ebenfalls zu den Glückspilzen, die gern und häufig gefördert werden. Viele große Konzerne unterhalten außer betriebsnahen Förderprogrammen eigene Stiftungen, die sich zum Teil an unterschiedliche Bewerberkreise richten. So fördert beispielsweise das Stipendiatenprogramm der Deutschen Telekom Stiftung Doktoranden der Mathematik oder Biologie, das Stipendienprogramm des Unternehmens hingegen Studierende der Informatik oder Wirtschaftswissenschaften.

In der Regel werden Firmenstipendien für Studienfächer vergeben, die für die Arbeit im Unternehmen qualifizieren. Viele bieten dabei an, dass die Studierenden parallel zu Vorlesung und Seminar bereits erste Erfahrungen im Betrieb sammeln. Die ideelle Förderung reicht von firmeneigenen Workshops bis hin zu Praktika oder Diplomarbeiten. Je nach Stipendium verpflichten sich die Stipendiaten, nach dem Studienabschluss einige Jahre für das Unternehmen zu arbeiten. Typisches Beispiel: Beim Förderprogramm von ThyssenKrupp müssen Ex-Stipendiaten das Fördergeld wie ein zinsloses Darlehen zurückzahlen,

falls sie sofort nach Studienende bei einem anderen Arbeitgeber anheuern.

In manchen Branchen werden Förderprogramme zum
Teil über eine größere Organisation gebündelt und koor-
diniert. So vergibt der Fachverband Textilmaschinen im
Verband Deutscher Maschinen- und Anlagenbau Stipen-
dien für Studenten mit Schwerpunkt Textiltechnik oder
Textilmaschinenbau. Ein besonderes Beispiel ist auch der
Förderverein International Co-operative Studies, in dem
Unternehmen wie Siemens, IBM Deutschland oder die
Deutsche Bahn AG kooperieren. Er vergibt Stipendien an
angehende Ingenieure, Informatiker und Betriebswirte im
Hauptstudium an süddeutschen Hochschulen und vermit-
telt sie an Partner aus der Wirtschaft.

■ Dr. Jost Henkel Stiftung

Die Stiftung wurde 1958 anlässlich des 25-jährigen Firmen-
jubiläums von Henkel gegründet. Kerngedanke ist, dass
auch finanziell benachteiligte Kinder die Möglichkeit erhalten sollen, ein Studium aufzunehmen. Die Stiftung will
begabten jungen Menschen ermöglichen, das Studium
ohne die Notwendigkeit eines Nebenerwerbs zu absolvieren. Gefördert werden Studien an staatlichen und an
privaten Hochschulen, Promotionsvorhaben ebenso wie
Aufbau- und Ergänzungsstudien sowie Praktika außerhalb Deutschlands.

Förderprinzipien. Anders als die meisten unternehmens-
nahen Stiftungen deckt die Dr. Jost Henkel Stiftung ein
sehr breites Studienfeld ab. Das Förderprogramm steht
grundsätzlich Studenten aller Fachrichtungen offen.
Wichtig ist, dass die im Studium erlangten Kenntnisse
für die gesellschaftliche und wirtschaftliche Entwicklung
von Bedeutung sind. Dazu zählen zurzeit unter anderem
die Wirtschafts-, Sozial-, Natur- und Ingenieurwissen-
schaften.

Förderung. Die Unterstützung besteht aus monatlichen Zahlungen auch während der Semesterferien. Dazu kommen Einmalzahlungen für Hilfs- und Lehrmittel oder Reisekosten sowie zinsfreie Darlehen. Außerdem werden die Stipendiaten individuell betreut und können bei Henkel Praktika absolvieren oder Diplomarbeiten bzw. Dissertationen verfassen. Gefördert wird ab Vordiplom oder Abschluss des Bachelorstudiums. Zudem werden Praktika, Auslandsaufenthalte sowie weitere studentische Projekte vermittelt.

Bewerbung. Der frühestmögliche Bewerbungszeitpunkt ist nach zwei bis drei Semestern eines Bachelorstudiums, beim Master zu Beginn des Studiums und bei Diplom- oder Magisterstudiengängen nach Abschluss des Vordiploms oder einer vergleichbaren Zwischenprüfung. Bewerber sollten überdurchschnittliche Studienleistungen vorweisen können und finanzielle Unterstützung besonders benötigen. Wer sich bewirbt, braucht dafür unter anderem Einkommensnachweise von sich und den Eltern sowie zwei Professorengutachten über das geplante Studienvorhaben und die persönliche und fachliche Eignung. Weitere Infos: **www.henkel.de/karriere/stipendium-35559.htm.**

■ Haniel Stiftung

1988 von der Franz Haniel & Cie. GmbH gegründet, ist die Haniel Stiftung eine der aktivsten privaten Firmenstiftungen bei der Studienförderung. Sie hat drei eigene Programme und beteiligt sich außerdem als Partner am McCloy Academic Scholarship Program, über das Stipendiaten in die USA gehen können. Stipendien werden für ein wirtschaftsbezogenes Aufbaustudium im Ausland mit international anerkanntem Zusatzabschluss vergeben.

Förderprinzipien. Besonders interessant ist die Stiftung für Studenten mit Wirtschaftsfokus und Interesse an den Märkten in Osteuropa, Asien, Lateinamerika, Afrika oder im Nahen Osten. In den Genuss der Förderung kommen Studierende, Promovierende und Habilitanden, die eine internationale Orientierung verwirklichen möchten. Sie sollen mithilfe der Stipendien Zusatzqualifikationen zur Übernahme von Aufgaben in der internationalen Arbeitswelt erwerben. Vorausgesetzt werden daher exzellente Studienleistungen sowie die Bereitschaft, einen mindestens zweisemestrigen Studienaufenthalt im Ausland mit einem mehrmonatigen Praktikum in einem Wirtschaftsunternehmen zu verbinden.

Förderung. Die finanzielle Unterstützung für die 12 bis 22 Monate dauernden Aufbaustudien ist großzügig. Im Rahmen eines Vollstipendiums für europäische Länder gibt es monatlich 1.200 Euro, für Großbritannien, die USA und die meisten außereuropäische Länder sogar 1.500 Euro. Zudem werden die Studiengebühren für maximal zwei Jahre übernommen. Obendrauf kommen noch ein einmaliges Startgeld in Höhe von 500 Euro, eine Reisekostenpauschale von 1.000 Euro sowie die Möglichkeit, an Fachkongressen teilzunehmen.

Bewerbung. Das Programm ist offen für Studierende aller Fachrichtungen, die ein Hoch- oder Fachhochschulstudium (mindestens Bachelor) exzellent abgeschlossen haben und jünger als 35 Jahre sind. Um die Zulassung an der gewünschten Hochschule sowie die Vorbereitung des Praktikums müssen sich die Stipendiaten selbst kümmern. Bewerbungen werden bis zum 15. November jedes Jahres angenommen. Weitere Infos finden Sie unter www.haniel-stiftung.de, Menüpunkt „Stipendien".

■ Förderverein International Co-operative Studies (I.C.S.)

Der Förderverein I.C.S. vergibt Firmenstipendien im Rahmen dualer Studiengänge. Derzeit kommen nur Studierende im Hauptstudium an den Hochschulen für angewandte Wissenschaften in Nürnberg, München,

Augsburg, Mainz, Landshut, Regensburg und Würzburg in den Genuss (Stand: Juni 2014).

Förderprinzipien. Vorausgesetzt werden neben Engagement und Leistungsbereitschaft überdurchschnittliche Prüfungsergebnisse in den ersten zwei bis drei Semestern. Nur die Jahrgangsbesten werden in das Förderprogramm aufgenommen, egal ob in Bachelor- oder Masterstudiengängen. Wer ausgewählt wird, schließt einen Fördervertrag mit einem Partnerunternehmen und verbringt dort das Praxissemester sowie die Semesterferien. In der restlichen Zeit sind die Studierenden an der Hochschule. Ein Wechsel zwischen mehreren Firmen ist nicht möglich.

Förderung. Ergattern Studierende einen Fördervertrag mit einem Unternehmen, werden sie während der letzten Hochschulsemester mit 800 bis 900 Euro monatlich gefördert. Beim Bachelor sind es drei bis vier, beim Master maximal vier Semester bis zum Abschluss. Im Gegenzug binden sich die Stipendiaten in der Regel für einen bestimmten Zeitraum nach dem Studium an das Unternehmen. Zur ideellen Förderung gehört die Betreuung durch den Förderverein sowie einen Tutor im Unternehmen. Dazu kommt ein Workshop-Programm.

Bewerbung. Ein solches Firmenstipendium gibt es frühestens ab dem dritten Semester. Die Fakultät trifft die Vorauswahl und nominiert die Bewerber, die sich damit bei einer Partnerfirma bewerben können. Mit dieser schließen sie auch den Fördervertrag. In den meisten Studiengängen findet das Auswahlverfahren zu Beginn des vierten Semesters – also meist vor dem Praxissemester – statt. Weitere Infos unter **www.ics-ev.de**.

■ Online-Stipendium e-fellows.net

Der Anbieter des Online-Stipendiums e-fellows.net orientiert sich vor allem an den Anforderungen der Wirtschaft. Es ist ein internetbasiertes Karrierenetzwerk, das von der Deutschen Telekom, der Unternehmensberatung McKinsey sowie der Verlagsgruppe Georg von Holtzbrinck im Jahr 2000 gegründet wurde. Seitdem hat e-fellows.net weitere Partner aus dem Wirtschafts- und Bildungssektor gewinnen können.

Förderprinzipien. Das Netzwerk fördert herausragende Studierende und Graduierte an deutschen Hochschulen insbesondere der Rechts- und Wirtschaftswissenschaften sowie natur- und ingenieurwissenschaftlicher Fächer. Von Bewerbern erwarten die Initiatoren starkes Interesse an wirtschaftlichen Themen sowie sehr gute akademische Leistungen, Praktika, Auslandsaufenthalte und gesellschaftliches Engagement. Im Mittelpunkt der Förderung steht der Netzwerkgedanke. Stipendiaten und Partnerunternehmen können über die Plattform Kontakt zueinander aufnehmen und so ein Praktikum oder den Berufseinstieg vorbereiten.

Förderung. Im Gegensatz zu anderen Stipendien spielt die materielle Förderung bei e-fellows.net eine untergeordnete Rolle. Die Studierenden erhalten keine direkte materielle Förderung, können aber von vergünstigten bzw. kostenlosen Angeboten der e-fellows.net-Partner profitieren. Dazu gehören beispielsweise Rabatte auf Telekommunikationspakete, kostenlose Zeitungsabos oder ein Gratiszugang zu Fachdatenbanken.

Bewerbung. Es steht grundsätzlich jedem Studenten offen, Mitglied der e-fellows.net-Community zu werden. Einmal registriert, ist auch die Bewerbung für das Online-Stipendium möglich, die auf der Seite hochgeladen werden kann. Im Anschluss werden die Angaben geprüft und anhand von Noten, außerschulischem Engagement, Praxiserfahrung und Studienrichtung wird über die Aufnahme entschieden. Da e-fellows.net von Privatunternehmen ins Leben gerufen wurde, für die das Netzwerk eine wichtige Recruitingplattform darstellt, ist ein nachvollziehbares Interesse an wirtschaftlichen Themen eine notwendige Bedingung der Bewerbung. Die Förderung läuft zunächst über zwei Semester. Anschließend müssen die Bewerbungsdaten per E-Mail aktualisiert werden. Auf dieser Grundlage wird über eine Verlängerung der Förderung entschieden. Weitere Infos unter **www.e-fellows.net**.

Förderung für Berufstätige

Nicht nur Erstsemester müssen sich um die Finanzierung ihres Studiums kümmern. Es gibt auch viele Berufstätige, die verpasste Chancen nachholen und sich noch einmal neu orientieren wollen, obwohl sie längst im Job stehen. Der Staat unterstützt die berufliche Weiterbildung Angestellter, Arbeitsloser oder Berufsrückkehrer mit zahlreichen Förderprogrammen. Allen voran steht die Bildungsprämie des Bundes, mit der Geringverdiener Kursgebühren sparen können. Für Bildungshungrige mit Karriereabsichten gibt es vom Bund das Meister-BAföG, das Aufstiegsstipendium sowie das Weiterbildungsstipendium. Das Fortkommen Geringqualifizierter und Beschäftigter in kleinen und mittleren Betrieben fördert der Bund über das Programm WeGebAU.

■ Bildungsprämie

Die Bereitschaft zu lebenslangem Lernen zählt mittlerweile zu den Kernanforderungen der Arbeitswelt. Gerade in Zeiten des Fachkräftemangels ist dem Staat daher daran gelegen, dass sich Arbeitnehmer regelmäßig weiterbilden, um beruflich am Ball zu bleiben. Dabei unterstützt das Bundesbildungsministerium diejenigen, die ihre Berufschancen verbessern möchten, denen es aber bisher an den dazu nötigen finanziellen Mitteln fehlt. Sie bekommen mit der Bildungsprämie Unterstützung in Form eines Prämiengutscheins und des sogenannten Weiterbildungssparens.

Förderprinzipien. Der **Prämiengutschein** ist die Zusage, dass der Staat alle zwei Jahre einen Teil der Weiterbildungskosten übernimmt. Voraussetzung: Die Fortbildung muss den Stipendiaten beruflich weiterbringen und darf keine innerbetriebliche Maßnahme sein. Seit 1. Juli 2014 sehen die Richtlinien außerdem vor, dass die Person das 25. Lebensjahr vollendet haben muss und die angestrebte Maßnahme nicht mehr als 1.000 Euro kostet (Maßstab ist die auf der Rechnung angegebene Veranstaltungsgebühr). Der zweite Bestandteil der Bildungsprämie ist das **Weiterbildungssparen.** Es richtet sich an Beschäftigte, die vermögenswirksame Leistungen (vL) ansparen, Anspruch auf die Arbeitnehmersparzulage haben und das Geld für eine Weiterbildung nutzen möchten.

[] Was sind vermögenswirksame Leistungen?

Vermögenswirksame Leistungen (vL) sind im Arbeits- oder Tarifvertrag geregelte Leistungen, die der Arbeitgeber monatlich auf ein Anlagekonto des Mitarbeiters überweist. Hat der Mitarbeiter ein niedriges Einkommen, unterstützt der Staat ihn bei bestimmen Anlageformen mit der Arbeitnehmersparzulage. Alleinstehende erhalten sie für einen Bausparvertrag, wenn ihr zu versteuerndes Jahreseinkommen bei höchstens 17.900 Euro liegt. Für andere Sparformen wie Wertpapiere fließt die Zulage bei einem Jahreseinkommen bis 20.000 Euro. Für Ehepaare gelten die doppelten Grenzwerte.

In den Genuss der Bildungsprämie kommen Arbeitnehmer und Selbstständige mit einem zu versteuernden Jahreseinkommen von bis zu 20.000 Euro (40.000 Euro bei gemeinsam Veranlagten). Das gilt auch für Beschäftigte in Mutterschutz, Elternzeit oder Pflegezeit. Nicht förderberechtigt sind Arbeitslose und alle, die Anspruch auf andere Finanzierungshilfen für den betreffenden Kurs wie beispielsweise Meister-BAföG (⋯⋗ 151 ff.) haben. Da beide Komponenten der Bildungsprämie miteinander kombiniert werden können, können Sie – wenn Sie alle Voraussetzungen erfüllen – einen Prämiengutschein erhalten und die verbleibenden Kosten beispielsweise über das Weiterbildungssparen finanzieren.

Förderung. Wer einen **Prämiengutschein** nutzen möchte, muss zunächst einen Termin bei einer ausgewiesenen Beratungsstelle vereinbaren. Die stellt einen Gutschein aus, der die Hälfte der Kurskosten bis maximal 500 Euro (zukünftig gegebenenfalls 1.000 Euro) abdeckt. Den Rest muss der Teilnehmer selbst aufbringen. Auf dem Gutschein werden das Bildungsziel und in der Regel mindestens drei geeignete Anbieter vermerkt. Bei einem von ihnen oder einem Anbieter seiner Wahl bucht der Interessent den Kurs und zahlt seinen Teil der Gebühr.

Im Falle des **Weiterbildungssparens** gilt für vermögenswirksame Leistungen normalerweise eine siebenjährige Sperrfrist. In dieser Zeit darf der Sparer das Geld nicht antasten, sonst verfällt der Anspruch auf die Arbeitnehmersparzulage. Wollen Sie jedoch eine Weiterbildung finanzieren, können Sie Geld entnehmen, ohne die Zulage zu verlieren. Vorher müssen Sie jedoch eine Beratungsstelle aufsuchen. Sie stellt Ihnen einen Spargutschein aus, den der Kursanbieter ausfüllen muss. Damit gehen Sie zu Ihrer Bank und können Geld aus dem Vertrag entnehmen.

Bewerbung. Sind Sie an der Bildungsprämie interessiert, sollten Sie eine Beratungsstelle in Ihrer Nähe ansteuern. Dazu gehören die regionalen Industrie- und Handelskammern, Volkshochschulen und Einrichtungen der Kommunen. Weitere Infos unter www.bildungspraemie.info.

■ Aufstiegsstipendium

Das Programm gehört zur Qualifizierungsinitiative der Bundesregierung „Aufstieg durch Bildung". Daher richtet sich das Aufstiegsstipendium an Frauen und Männer mit Berufserfahrung, die in Ausbildung und Beruf hoch motiviert und besonders talentiert sind und ihre Aufstiegschancen durch ein Studium verbessern wollen. Auch wer bereits seit Jahren im Beruf steht, kann sich bewerben. Gestartet im Sommer 2008, unterstützt es inzwischen Stipendiaten an über 300 Hochschulen in Deutschland. Sie alle werden von der SBB – Stiftung Begabtenförderung berufliche Bildung im Auftrag des Bundesministeriums für Bildung und Forschung ausgewählt und während des Studiums begleitet.

Förderprinzipien. In den Genuss der Studienförderung kommt, wer seine Berufsausbildung mit besonderem Erfolg absolviert hat und schon mindestens zwei Jahre Berufserfahrung vorweisen kann. Dabei heißt „besonderer Erfolg", dass die Ausbildung mindestens mit Note 1,9 (bzw. 87 Punkten) abgeschlossen wurde oder der Bewerber erfolgreich an einem bundesweiten beruflichen Leistungswettbewerb teilgenommen hat. Alternativ kann der Betrieb die besondere Begabung durch einen begründeten Vorschlag belegen. Eine Altersgrenze gibt es nicht. Förderfähig ist ein Erststudium in Vollzeit oder berufsbegleitend an einer staatlichen oder staatlich anerkannten Hochschule in Deutschland, der EU oder der Schweiz. Allerdings darf das zweite Semester zu Bewerbungsbeginn noch nicht abgeschlossen sein. Nach der Zusage verpflichtet sich der Stipendiat, innerhalb eines Jahres mit dem Studium zu beginnen und es in der Regelstudienzeit abzuschließen.

Förderung. Bei einem Vollzeitstudium bekommen die Studierenden monatlich 670 Euro plus 80 Euro Büchergeld aufs Konto. Dazu kommt eine Betreuungspauschale für Kinder, die das zehnte Lebensjahr noch nicht vollendet haben: 113 Euro für das erste Kind und 85 Euro für jedes weitere. Da ein Vollzeitstudium in der Regel keine weitere Berufstätigkeit zulässt, wird pauschal und einkommensunabhängig gefördert. Alle, die berufsbegleitend studieren, können 2.000 Euro pro Jahr für Maßnahmenkosten beantragen. Ideell profitieren die Studierenden über Seminare und Möglichkeiten zum Netzwerken.

Bewerbung. Die SBB – Stiftung Begabtenförderung berufliche Bildung wählt in drei Schritten aus: Zuerst werden die notwendigen Voraussetzungen geprüft, dann Leistungs- und Lernbereitschaft, Engagement sowie soziale Kompetenzen, und im dritten Schritt finden persönliche Auswahlgespräche statt. Da die Bewerbungstermine variieren, finden Sie aktuelle Infos finden Sie auf **www.sbb-stipendien.de/aufstiegsstipendium**.

■ Weiterbildungsstipendium

Ziel vieler Berufstätiger ist nicht zwangsläufig ein Studium, sondern eine weitere berufliche Qualifizierung. Finanzielle Unterstützung gibt es dabei durch das Weiterbildungsstipendium des Bundesbildungsministeriums. Damit werden begabte und motivierte Berufseinsteiger seit 1991 gefördert, um die Innovationskraft der deutschen Wirtschaft zu stärken. Auch dieses Stipendienprogramm, mit aktuell über 17.000 Stipendiaten eines der größten, koordiniert die SBB.

Förderprinzipien. Gefördert werden anspruchsvolle – in der Regel berufsbegleitende – Weiterbildungen. Darunter fallen beispielsweise die fachliche Weiterbildung zum Techniker, Handwerksmeister, Betriebs- oder Fachwirt, aber auch Seminare zum Erwerb fachübergreifender und sozialer Kompetenzen. Beispiele dafür sind EDV- oder Intensivsprachkurse, Rhetorik, Mitarbeiterführung oder Konfliktmanagement. Auch berufsbegleitende Studiengänge, die auf die Ausbildung oder Berufstätigkeit aufbauen, können mit dem Weiterbildungsstipendium gefördert werden.

Förderung. Das Stipendium wird für einen festen Zeitraum gewährt: das Aufnahme- sowie zwei Folgejahre. Das Aufnahmejahr gilt immer – unabhängig vom konkreten Aufnahmetermin – als erstes Förderjahr, und das Stipendium endet regelmäßig am 31. Dezember des übernächsten Jahres. Als Stipendiat können Sie innerhalb Ihres Förderzeitraums Zuschüsse von insgesamt 6.000 Euro für beliebig viele Weiterbildungen beantragen. Macht jährlich 2.000 Euro – bei einem Eigenanteil von 10 Prozent je Fördermaßnahme, der jedoch nicht den Gesamtförderbetrag von 6.000 Euro schmälert. Ist eine Maßnahme förderfähig, erhalten Sie Zuschüsse für deren Finanzierung, für Fahrt- und Aufenthaltskosten sowie für notwendige Arbeitsmittel.

Bewerbung. Wer eine Ausbildung im Gesundheitswesen absolviert hat, kann sich direkt bei der SBB bewerben. Im Falle einer dualen Ausbildung müssen Sie sich dazu an die Stelle oder Kammer wenden, bei der Ihr Berufsausbildungsvertrag eingetragen war. Voraussetzung ist, dass Sie bei der Aufnahme in das Programm jünger als 25 Jahre sind, wobei in manchen Fällen bis zu drei Jahre angerechnet werden können. Zudem müssen Sie Ihre Abschlussprüfung mit mindestens 87 Punkten oder besser als „gut" (bei mehreren Prüfungsteilen Note 1,9 oder besser) bestanden haben. Alternativ zählt auch, wenn Sie bei einem überregionalen beruflichen Leistungswettbe-

werb unter die ersten Drei gekommen sind oder Sie Ihre
Qualifikation durch einen begründeten Vorschlag Ihres
Arbeitgebers oder der Berufsschule nachweisen. Damit
nicht genug, müssen Sie zum Zeitpunkt der Bewerbung
entweder berufstätig oder bei der Arbeitsagentur arbeits-
suchend gemeldet sein. Wer alle diese Voraussetzungen
erfüllt, bewirbt sich über die zuständige Stelle. Weitere
Infos: **www.sbb-stipendien.de/weiterbildungsstipendium**.

■ Meister-BAföG

Möchten Handwerker einen Meister machen, stehen sie
oft vor einem Problem: Die meisten sind bereits mitten
im Berufsleben und können es sich finanziell nicht erlau-
ben, für eine Weiterbildung zeitweise im Job auszufallen.
Genauso geht es allen, die sich zum Beispiel auf eine
Fortbildung zum Techniker, Fachkrankenpfleger oder
Betriebsinformatiker vorbereiten. In solchen Fällen hilft
der Staat mit dem sogenannten Meister-BAföG. Wie Studierende bekommen Berufstätige die Förderung teils als
zinsgünstiges Darlehen, teils als Zuschuss, der nicht zurückgezahlt werden muss.

Förderprinzipien. Das Meister-BAföG wird von Bund und
Ländern gemeinsam finanziert und heißt offiziell Auf-
stiegsfortbildungsförderungsgesetz. Darüber werden
Fortbildungen in allen Berufsbereichen unterstützt und
zwar unabhängig davon, ob Voll- oder Teilzeit, schulisch
oder außerschulisch, mediengestützt oder per Fernunterricht und sogar teilweise im EU-Ausland. Seit 2009 wird
auch nicht mehr nur die erste, sondern grundsätzlich
eine Fortbildung finanziell unterstützt. Voraussetzung ist
eine abgeschlossene Erstausbildung bzw. ein Berufsabschluss, der dem Fortbildungsabschluss allerdings nicht
gleichwertig sein und nicht darüber liegen darf (wie beispielsweise ein Hochschulabschluss). Gefördert werden
Deutsche, EU-Bürger und Bildungsinländer egal welchen
Alters. Auch, wer schon lange in Deutschland lebt und

eine dauerhafte Bleibeperspektive hat, kann Meister-BAföG beantragen.

Förderung. Wer sich in Vollzeit weiterbildet, bekommt einen monatlichen Zuschuss zum Lebensunterhalt. Bei Alleinstehenden ohne Kind sind es derzeit 697 Euro (238 Euro Zuschuss und 459 Euro Darlehen), mit Kind 907 Euro (343/564 Euro). Verheiratete erhalten 912 Euro (238/674

} Beispiel: Jörn, ledig, Vollzeitmaßnahme

Jörn ist Krankenpfleger, ledig, hat keine Kinder und besucht eine zweijährige Fortbildungsmaßnahme zum Fachkrankenpfleger in Vollzeit. Neben der Fortbildung übernimmt er Nachtwachen in einem Krankenhaus und verdient damit 200 Euro. Die Lehrgangs- und Prüfungsgebühren betragen 1.600 Euro. Die Prüfung findet im selben Monat statt, in dem die Maßnahme endet.

Unterhaltsbeitrag:

Grundbedarf	697 €
abzgl. anzurechnendes Einkommen	0 €
Unterhaltsbeitrag	697 €

Der Förderungsbetrag von 697 Euro übersteigt die Summe aus dem Erhöhungsbetrag (52 Euro) und dem in § 12 Abs. 2 Satz 2 genannten Betrag (52 + 103 = 155 Euro) um 542 Euro. Diese 542 Euro werden zu 44 Prozent als Zuschuss gezahlt. Der Unterhaltsbeitrag in Höhe von 697 Euro besteht somit aus einem Zuschuss in Höhe von 238 Euro und einem Darlehensanteil in Höhe von

459 Euro. Da der Verdienst die Freibeträge nach BAföG nicht übersteigt, wird kein Einkommen angerechnet.

Maßnahmebeitrag:

Zur Finanzierung der Lehrgangs- und Prüfungsgebühren erhält Jörn einen einkommens- und vermögensunabhängigen Maßnahmebeitrag in Höhe der tatsächlich anfallenden Gebühren.

Dieser besteht aus einem Zuschussanteil in Höhe von 30,5 Prozent und einem zinsgünstigen Bankdarlehen in Höhe von 69,5 Prozent.

Kosten der Maßnahme	1.600 €
davon Zuschussanteil (30,5 %)	488 €
davon Darlehensanteil (69,5 %)	1.112 €

Den Zuschussanteil von 488 Euro erhält Jörn direkt von seiner zuständigen Behörde ausbezahlt. Zusätzlich hat er einen Anspruch auf Abschluss eines Darlehensvertrags in Höhe von 1.112 Euro mit der Kreditanstalt für Wiederaufbau (KfW).

Euro), mit einem Kind 1.122 Euro (343/779 Euro) und mit zwei Kindern 1.332 Euro (448/884 Euro). Mit jedem weiteren Kind erhöht sich der Zuschuss um 210 Euro. Alleinerziehende können sich über einen pauschalen Kinderbetreuungszuschlag von 113 Euro pro Monat und Kind freuen. Das BAföG ist abhängig von Einkommen und Vermögen der Geförderten (sowie ihrer Ehe- und Lebenspartner) und reduziert sich je nachdem entsprechend.

Förderung der Prüfungsvorbereitungsphase:

Die Zahlung des Unterhaltsbeitrags endet mit Ablauf des Monats, in dem planmäßig der letzte Unterrichtstag stattfindet. Da die Prüfung von Jörn nicht nach der Maßnahme, sondern im selben Monat, in dem der letzte Unterrichtstag liegt, stattfindet, entfällt für ihn die zusätzliche Fördermöglichkeit während der Prüfungsvorbereitungsphase.

Darlehenserlass aufgrund bestandener Prüfung:

Besteht Jörn seine Abschlussprüfung, erhält er auf Antrag einen Erlass in Höhe von 25 Prozent des – zu diesem Zeitpunkt noch nicht fällig gewordenen – Darlehens für die Prüfungs- und Lehrgangsgebühren:

Darlehensanteil	1.112 €
abzgl. 25 % Erlass wegen erfolgreich bestandener Prüfung	278 €
verbleibender Darlehensanteil	834 €

Ergebnis:

Jörn erhält monatlich 697 Euro Unterhaltsbeitrag, davon 238 Euro als Zuschuss. Von dem Maßnahmebeitrag in Höhe von 1.600 Euro erhält er 488 Euro als Zuschuss. Des Weiteren kann er von der Kreditanstalt für Wiederaufbau ein zinsgünstiges Darlehen über die ihm zustehenden Darlehensanteile am Unterhaltsbeitrag in Höhe von 459 Euro pro Monat sowie am Maßnahmebeitrag in Höhe von 1.112 Euro erhalten.

Sofern Jörn die Prüfung besteht, muss er statt 1.112 Euro nur 834 Euro zurückzahlen.

Das Darlehen ist während der Fortbildung und einer anschließenden Karenzzeit zins- und tilgungsfrei und danach in monatlichen Raten von 128 Euro zu tilgen.

Quelle: Bundesministerium für Bildung und Forschung, www.meister-bafoeg.info

Maximal kann jeder auf 10.226 Euro hoffen, bestehend
aus einem Zuschussanteil von 30,5 Prozent und einem
günstig verzinsten Bankdarlehen. Das ist während der
Fortbildung und der anschließenden Karenzzeit von zwei
Jahren (längstens sechs Jahre) zins- und tilgungsfrei.

Vollzeitmaßnahmen werden maximal 24 Monate, Teilzeit-
maßnahmen 48 Monate gefördert. In Härtefällen kann
der Zeitraum um bis zu ein Jahr verlängert werden. Das
Darlehen kommt von der staatlichen Kreditanstalt für
Wiederaufbau (KfW) und muss innerhalb von zehn Jahren
nach Beginn der Tilgungspflicht in Raten von monatlich
mindestens 128 Euro zurückgezahlt werden. Wer nach bestandener Abschlussprüfung innerhalb von drei Jahren ein
Unternehmen oder eine freiberufliche Existenz gründet,
dem werden auf Antrag Teile des Restdarlehens erlassen.

Bewerbung. Die Förderung sollte rechtzeitig beantragt
werden, da es sie nicht rückwirkend, sondern frühestens
ab dem Antragsmonat gibt. Zuständig sind in der Regel
die kommunalen Ämter für Ausbildungsförderung. Weitere Infos unter **www.meister-bafoeg.info**.

* Weitere Möglichkeiten für Berufstätige

WeGebAU. Die Weiterbildungsinitiative der Bundesagentur
für Arbeit WeGebAU – Weiterbildung Geringqualifizierter
und beschäftigter älterer Arbeitnehmer in Unternehmen.
www.arbeitsagentur.de, Suchbegriff „WeGebAU".

Bildungsgutschein. Förderung der Arbeitsagentur für
Arbeitsuchende, die sich weiterbilden wollen.
www.arbeitsagentur.de, Suchbegriff „Bildungsgutschein".

■ **Programme der Bundesländer**
Auch die Bundesländer bieten zahlreiche Programme an,
mit denen der Erwerb von Qualifikationen erleichtert werden soll. Im Folgenden ein Überblick:

■ **Bildungsscheck Brandenburg** für sozialversicherungspflichtig Beschäftigte, die ihren Hauptwohnsitz
in Brandenburg haben, aber auch Personen, die ihr
Einkommen mit Arbeitslosengeld II aufstocken sowie
Mütter und Väter in Elternzeit.
www.bildungsscheck-brandenburg.de.
■ **Weiterbildungsscheck Bremen** für erwerbsfähige
Personen, die in Bremen wohnen oder arbeiten und
deren zu versteuerndes Jahreseinkommen nicht über
25.600 Euro liegt (51.200 Euro bei gemeinsamer
Veranlagung). **www.bremen.de**, Suchbegriff „Weiterbildungsscheck".
■ **Weiterbildungsbonus Hamburg** für sozialversiche-
rungspflichtige Arbeitnehmer in Betrieben mit weniger als 250 Mitarbeitern sowie Selbstständige.
Zielgruppen sind vor allem Geringqualifizierte, Personen mit Migrationshintergrund, Auszubildende,
Alleinerziehende und Beschäftigte in Elternzeit. Auch
Existenzgründer und Selbstständige in der Aufbau-
phase sowie Personen, die ihr Gehalt mit Arbeitslosengeld II aufstocken, können gefördert werden.
www.weiterbildungsbonus.net.
■ **Bildungsscheck Nordrhein-Westfalen** für Arbeitnehmer,
Berufsrückkehrer wie Frauen nach der Familienphase
sowie Existenzgründer innerhalb der ersten fünf Jahre
ihrer Selbstständigkeit. Un- und Angelernten soll so
ermöglicht werden, einen Berufsabschluss nachzuho-
len; Zugewanderte sollen damit Qualifizierungslücken
schließen können und so die Chance auf Anerkennung
ihrer im Ausland erworbenen beruflichen Qualifikationen erhöhen. **www.bildungsscheck.nrw.de**.

- **Qualischeck Rheinland-Pfalz** für Beschäftigte, die in Rheinland-Pfalz wohnen oder arbeiten. Auch Selbstständige und Freiberufler in den ersten fünf Jahren nach der Existenzgründung können den Qualischeck für eine Weiterbildung nutzen, sofern die Hauptniederlassung in Rheinland-Pfalz liegt. Berechtigt sind außerdem Berufsrückkehrer. Gefördert wird einmal jährlich eine außerbetriebliche berufliche Fortbildung bei einem anerkannten Anbieter, die der Verbesserung der Fach-, Methoden-, Sozial- und Persönlichkeitskompetenz dient. www.qualischeck.rlp.de.
- **Weiterbildungsscheck Sachsen** für Weiterbildungen, die den beruflichen Werdegang unterstützen. Sie müssen je nach Einkommen mindestens 650 oder 1.000 Euro kosten, damit 60 bis 80 Prozent der Kursgebühren bezuschusst werden. Gefördert werden in der Regel Arbeitnehmer mit einem Bruttoeinkommen von bis zu 2.500 Euro im Monat. Wer bis zu 4.150 Euro monatlich verdient, kann jedoch antragsberechtigt sein, etwa wenn er älter als 50 Jahre ist, in Teilzeit oder befristet arbeitet, als Leiharbeiter beschäftigt ist oder mit der Weiterbildung den ersten akademischen Abschluss anstrebt. www.sab.sachsen.de, Suchbegriff „Weiterbildungsscheck".

* So können Sie Steuern sparen

Kursgebühr, Fahrtkosten, Unterkunft: Ausgaben für eine berufliche Weiterbildung, die der Teilnehmer selbst zahlt, kann er sich zum Teil vom Finanzamt zurückholen. Dafür rechnen Arbeitnehmer in der Steuererklärung Bildungsausgaben als Werbungskosten ab. Sie bringen aber nicht automatisch einen Vorteil, da das Finanzamt auf jeden Fall pauschal 1.000 Euro anerkennt. Erst, wenn jemand mehr Ausgaben – zum Beispiel für Arbeitsweg und Fortbildung – hat, lohnt die Einzelabrechnung. Auch Arbeitslose und Eltern in Elternzeit rechnen ihre Bildungsausgaben als Werbungskosten ab. Für Selbstständige sind die Kosten einer Weiterbildung Betriebsausgaben.

■ **Weiterbildungsscheck Thüringen**. Gefördert werden Arbeitnehmer und Selbstständige mit einem Jahresbruttoeinkommen von 20.000 bis 40.000 Euro (bei Verheirateten das Doppelte). Die Weiterbildungsschecks gibt es für beruflich veranlasste Weiterbildungsmaßnahmen, die als Lehrgang oder Seminar, aber auch als Fernunterricht durchgeführt werden. www.gfaw-thueringen.de, Menüpunkt „Download" › „Weiterbildung und transnationale Aktivitäten" › Merkblatt „Weiterbildungsscheck".

» Bildungsurlaub

Für viele Weiterbildungen können Arbeitnehmer Bildungsurlaub bei ihrem Chef beantragen. Ihr Gehalt fließt in dieser Zeit weiter, die Kosten der Weiterbildung tragen sie selbst. Infrage kommen nur Seminare, die im jeweiligen Bundesland als Bildungsurlaub anerkannt sind. Allerdings haben nicht alle Beschäftigten in allen Bundesländern Anspruch auf Bildungsurlaub. Nicht dabei sind derzeit Baden-Württemberg, Bayern, Sachsen und Thüringen (Stand: Juni 2014). In den restlichen Bundesländern stehen den Mitarbeitern in der Regel fünf Arbeitstage pro Jahr zu. Meist können sie den Anspruch eines Jahres ins Folgejahr mitnehmen und dann zehn Tage am Stück beantragen. Der Arbeitgeber kann den Antrag auf Bildungsurlaub nur aus wichtigen betrieblichen Gründen ablehnen. Weitere Infos unter www.iwwb.de/links/bildungsurlaub.

Jobben

Ohne Job kommen die wenigsten der knapp 2,5 Millionen
Studenten in Deutschland finanziell über die Runden.
Also arbeiten die meisten in ihrer Freizeit, ob als Kellner,
studentische Hilfskraft, Taxifahrer oder Nachhilfelehrer.
Laut 20. Sozialerhebung des Deutschen Studentenwerks
jobben mit 61 Prozent knapp zwei Drittel der Studierenden neben dem Studium, durchschnittlich 7,4 Stunden
die Woche. Im Schnitt verdiente ein Student im Jahr 2012
rund 10 Euro netto die Stunde. Studierende in postgradu-
alen Studiengängen bekamen im Schnitt 5 Euro mehr. Für
jeden Zweiten ist dieser Verdienst notwendig zum Überle-
ben. Doch viele arbeiten einfach, um sich mehr leisten zu
können.

Wichtige Infos

Egal ob Sie als Student neben dem Studium nur ein
bisschen oder viel verdienen: Sie sind sofort mit einer
Fülle von Fragen konfrontiert. Wie viel darf ich nebenbei
arbeiten? Kann ich als Student einen Minijob annehmen?
Was ist, wenn ich monatlich mehr verdiene? Wie sieht
es bei Ferienjobs aus? Bin ich in dem Job sozialversicherungspflichtig? Was ist das Besondere an Werkstudenten?
Und welche Auswirkungen hat das Jobben auf die Steuer-
pflicht? In diesem Kapitel finden Sie Antworten auf alle
studentischen Fragen rund um die verwirrenden Regelungen der deutschen Sozialversicherung.

Nebenjob ist nicht gleich Nebenjob. Manche Beschäftigungsverhältnisse sind gerade deshalb für Studenten at-
traktiv, weil sie von Sozialabgaben befreit sind. Nämlich
dann, wenn sie „geringfügig" sind. Unter diesen Begriff

fallen die sogenannten Minijobs oder kurzfristige Beschäftigungen wie Ferienjobs. Für alle gelten jeweils andere Bedingungen, die auf den ersten Blick recht kompliziert erscheinen. Es ist aber wichtig, die Unterschiede zu kennen: Schließlich wollen Sie ja nicht mehr Steuern und Abgaben zahlen als nötig. Eltern sollten wissen, dass die Jobs ihrer studierenden Kinder seit 2013 keine Auswirkungen mehr auf das Kindergeld oder den steuerlichen Kinderfreibetrag sowie den kindbezogenen Ortszuschlag bei Beschäftigten im öffentlichen Dienst haben. Die Einkommensgrenze von 8.004 Euro wurde für die erste Ausbildung ersatzlos gestrichen. Voraussetzung ist ein Minijob oder eine Wochenarbeitszeit von unter 20 Stunden.

* **Tipps für die Jobsuche**

Es gibt mehrere Stellen, an denen Sie nach Nebenjobs suchen können. Am sinnvollsten ist es, in der Uni die Augen aufzumachen. Denn in der Regel hängen überall Schwarze Bretter, an denen Jobangebote veröffentlicht werden: in der Mensa, den Fachbereichen oder vor Studentensekretariaten. Dort werden auch Unijobs ausgeschrieben, beispielsweise für wissenschaftliche Hilfskräfte, die Hiwis. Diese Stellen ergattern allerdings in der Regel ältere Semester ab der Zwischenprüfung. Vieles läuft über Mundpropaganda, doch auch Internetbörsen oder der Anzeigenteil von Stadtmagazinen sind beliebte Orte für Jobangebote (⸱⸱⸱➔ „Internetadressen" › „Jobben", Seite 209).

Rechte. Als Student haben Sie dieselben Rechte wie andere Arbeitnehmer. Dazu gehört der Anspruch auf Urlaub oder Lohnfortzahlung im Krankheitsfall. Das gilt auch dann, wenn sie vertraglich ausgeschlossen wurden, was im Übrigen unzulässig ist. Sind Sie länger als einen Monat bei demselben Unternehmen beschäftigt, steht Ihnen von Gesetzes wegen ein schriftlicher Vertrag zu, den Sie auch einfordern sollten. Denn bei einem Streit über Lohn oder eine plötzliche Kündigung ziehen Sie ohne richtigen Vertrag immer den Kürzeren. Werden Sie krank, haben Sie einen Anspruch darauf, dass der Lohn während dieser Zeit voll weitergezahlt wird. Das gilt sogar für Nebenjobs mit variierenden Wochenarbeitszeiten, wenn der Dienst bereits vereinbart war.

Steuern. Studenten, die mehr als 450 Euro im Monat verdienen, arbeiten in der Regel auf Lohnsteuerkarte. Diese stellt das Einwohnermeldeamt des Hauptwohnsitzes auf Verlangen aus. Üblicherweise werden Sie in Steuerklasse I veranlagt, wenn Sie alleinstehend sind und kein Kind haben. Bei mehreren Jobs gleichzeitig bekommen Sie auf dem Amt auch eine zweite und dritte Karte. Die sind jedoch der Steuerklasse VI zugeordnet, in der ein höherer Prozentsatz an Steuern abgezogen wird. Aus diesem Grund sollten Sie diese Karten bei den Jobs abgeben, die weniger gut bezahlt sind. Der Arbeitgeber führt Lohnsteuer und Sozialabgaben ans Finanzamt ab. Wie viel, lässt sich nicht pauschal sagen, da die Höhe unter anderem von der Steuerklasse und der Höhe des Verdienstes abhängt. Am Ende des Jahres werden die Beträge aller Steuerkarten zusammengerechnet.

Arbeiten Sie auf Lohnsteuerkarte, werden Steuern und Sozialbeiträge in der Regel erst einmal von Ihrem Verdienst abgezogen. Egal ob Sie als Student überhaupt zahlen müssen oder nicht. Wer mit seinem Jahreseinkommen unter 8.354 Euro (2014) bleibt, kann sich die Steuern mit einer Steuererklärung über den Lohnsteuerjahresausgleich zurückholen. Zu diesem sogenannten Grundfreibetrag wird noch ein Werbungskostenpauschbetrag von 1.000 Euro dazugerechnet. Damit ist also ein pauschales Einkommen von 9.354 Euro steuerfrei. Noch mehr ist es, wenn Sie höhere Werbungskosten nachweisen, beispielsweise durch Ausgaben für Bücher oder die Immatrikulationsgebühr. Daher gilt es, fleißig Belege zu sammeln, um diese nachzuweisen.

* So senken Sie Ihre Steuern

Das in einem Job verdiente Geld kann für Studenten schnell zum Problem werden. Es sei denn, man nutzt die Sonderregeln, Freibeträge und Ausnahmen im deutschen Steuersystem.

Werbungskosten. Die haben nichts mit Werbung zu tun, sondern bezeichnen Ausgaben des Arbeitnehmers, die ihm im Zusammenhang mit seiner Arbeit entstehen. Also beispielsweise Fachliteratur oder Fahrtkosten. Selbst wenn die meisten Studis keine hohen Kosten haben, können sie ihr jährliches Einkommen dadurch um 1.000 Euro drücken, denn so hoch ist der Arbeitnehmerpauschbetrag. Höhere Werbungskosten müssen einzeln nachgewiesen werden.

Vorsorgepauschale. Auch Beiträge zur Sozialversicherung und für eine Haftpflicht- oder Lebensversicherung lassen sich bis zu einem bestimmten Betrag anrechnen. Damit sinkt das zu versteuernde Jahreseinkommen weiter – dank der sogenannten Vorsorgepauschale. Was jemand für seine private Vorsorge absetzen kann, berechnet das Finanzamt individuell.

Sonderausgaben. Für jobbende Studenten sind die unbeschränkt abzugsfähigen Sonderausgaben besonders interessant. Darüber können nämlich Kosten für das Studium bis zu 6.000 Euro pro Jahr abgesetzt werden. Also beispielsweise der Semesterbeitrag oder Kosten für Kopien und Exkursionen. Kirchensteuer und Spenden gelten ebenso als Sonderausgaben. Um die beim Finanzamt geltend zu machen, müssen Sie fleißig Quittungen und Belege sammeln und der Steuererklärung beilegen.

Hilfreiche Tipps rund um das Thema Steuern bietet der „Kleine Ratgeber für Lohnsteuerzahler", den Sie unter diesem Suchbegriff auf der Internetseite der Oberfinanzdirektion Hannover unter www.ofd.niedersachsen.de herunterladen können.

Werkstudentenprivileg. Das Besondere am Jobben neben dem Studium ist, dass im Gegensatz zu einem normalen Arbeitsverhältnis in der Regel keine Versicherungspflicht in der Kranken-, Pflege- und Arbeitslosenversicherung besteht. Dadurch sparen nicht nur Studierende Geld, sondern auch die Arbeitgeber. Dieses Prinzip wird „Werkstudentenprivileg" genannt. Doch aufgepasst: Diese Versicherungsfreiheit bezieht sich nur auf den Job, nicht auf die Person. Denn Studierende sind per se krankenversicherungspflichtig: ob über die studentische Pflichtversicherung, die Familienversicherung oder eine private Versicherung (⋯→ „Kranken- und Pflegeversicherung", Seite 11 ff.).

[] **Was ist ein Werkstudent?**

Als „Werkstudenten" werden Studierende bezeichnet, die neben dem Studium und klassischerweise in den Semesterferien in einem Unternehmen („Werk") arbeiten. Das wichtigste Kennzeichen ist, dass es sich um befristete Arbeitsverhältnisse handelt, bei denen die Werkstudenten häufig an Projekten mitarbeiten. Oftmals sind diese fachnah, was ihnen ermöglicht, ihr an der Uni erlerntes Wissen praktisch zu erproben und zu vertiefen.

Allerdings ist das längst nicht immer der Fall. Werkstudent sein kann inzwischen auch heißen, einfache Aushilfs- oder Vertretungstätigkeiten zu verrichten. Im Grunde machen Werkstudenten also das Gleiche wie „normale" Beschäftigte eines Unternehmens auch.

Das sogenannte Werkstudentenprivileg gilt übrigens nicht, wenn Sie ein Zweitstudium absolvieren, nur in Teilzeit studieren oder wenn Sie sich im 26. Fachsemester oder darüber befinden. Es gilt auch dann nicht, wenn Sie nach der erfolgreichen Abschlussprüfung einem Job nachgehen oder wenn Sie promovieren. Eine Ausnahme wird nur für Juristen gemacht, die nach dem ersten Staatsexamen weiterhin eingeschrieben bleiben, um zum Verbesserungsversuch anzutreten („Freischuss"). Sie bleiben versicherungsfrei. Wer dagegen nach dem Bachelor einen Master in der gleichen Fachrichtung obendrauf setzt, auf den kann das Werkstudentenprivileg angewendet werden.

Es genügt übrigens nicht, dass Studierende immatrikuliert sind. Sie müssen auch „ordentlich studieren". Das ist dann gegeben, wenn Sie in puncto tägliche Beschäftigung überwiegend als Studierende und nicht als Arbeitnehmer anzusehen sind. Das wird an zwei Kriterien festgemacht: der wöchentlichen Arbeitszeit und der überwiegenden Beschäftigung in einem Zeitraum von einem Jahr. Die Höhe des Verdienstes spielt für die Frage der Versicherungsfreiheit oder -pflicht keine Rolle.

» Ordentlich Studierende

Von einem „ordentlichen Studium" spricht man, wenn ein Student während der Vorlesungszeit unabhängig von der Höhe des Arbeitsentgelts nicht mehr als 20 Stunden in der Woche arbeitet. Wird die Beschäftigung lediglich in der vorlesungsfreien Zeit (Semesterferien) auf mehr als 20 Stunden ausgeweitet, ist sie auch in dieser Zeit versicherungsfrei. Gleiches gilt, wenn Studenten auf bis zu zwei Monate oder 50 Arbeitstage befristete Beschäftigungen während der Vorlesungszeit ausüben.

20-Stunden-Regel. Wer in der Vorlesungszeit nicht mehr als 20 Stunden pro Woche nebenher jobbt, gilt als ordentlicher Studierender und nicht als Arbeitnehmer. Sobald ein Studierender mehr arbeitet, geht der Staat davon aus, dass das Studium zweitrangig ist und der Job im Vordergrund steht. Das gilt jedoch nur für die Vorlesungszeit. In den Semesterferien können Studenten problemlos mehr arbeiten. Doch dann sind andere Regeln zu beachten. Wer in der Vorlesungszeit überwiegend außerhalb der regulären Studienzeit, also an den Wochenenden, abends oder nachts arbeitet, darf geringfügig über die 20-Stunden-Grenze kommen. In Einzelfällen können Studierende auch darüber hinaus versicherungsfrei bleiben, wenn es sich nur um eine kurzfristige Beschäftigung handelt.

26-Wochen-Regel. Ob ein Student versicherungspflichtig ist oder nicht, hängt nicht nur von der wöchentlichen Arbeitszeit ab. Auch auf das Kalenderjahr bezogen muss der Studentenstatus überwiegen. Daher zahlt auch, wer mehr als 26 Wochen – also 182 Kalendertage oder die Hälfte des Jahres – über 20 Stunden pro Woche kommt. In die Berechnung fließen nur Beschäftigungen mit mehr als 20 Wochenstunden ein. Ausgegangen wird vom voraussichtlichen Ende der Beschäftigung: Ab da werden die vorangegangenen zwölf Monate betrachtet.

Minijob

Die meisten Studenten arbeiten ohne Lohnsteuerkarte, da sie Minijobber sind. Diese Art von Job kann dauerhaft oder kurzfristig sein und gehört zu den geringfügigen Beschäftigungen. Im Volksmund wurden Minijobs häufig „400-Euro-Jobs" genannt, weil Arbeitnehmer monatlich bis zu 400 Euro brutto verdienen konnten, ohne dass Steuern oder Sozialabgaben fällig wurden. Diese Grenze wurde 2013 jedoch auf 450 Euro angehoben. Zudem wurden Minijobber verpflichtet, in die Rentenversicherung einzuzahlen. Vorher musste nur der Arbeitgeber pauschale Beiträge zahlen. Beim Verdienst zählt nicht jede einzelne Woche oder jeder Monat, sondern der Jahresdurchschnitt. Minijobber können sich jedoch über den Arbeitgeber von der neu eingeführten Rentenversicherungspflicht befreien lassen und zahlen dann nichts.

Die wöchentliche Arbeitszeit der Minijobber spielt keine Rolle mehr, seit die früher geltende Zeitgrenze von 15 Stunden pro Woche abgeschafft wurde. Deshalb eignen sich Minijobs besonders gut als Dauerbeschäftigung neben dem Studium. Dem Arbeitgeber ist freigestellt, ob er lieber pauschal Steuern zahlt oder den Minijobber auf Lohnsteuerkarte arbeiten lässt. Entscheidet er sich für Letzteres, kann es sein, dass Ihnen erst einmal Lohnsteuer vom Verdienst abgezogen wird. Das ist jedoch meist nur bei Steuerklasse VI der Fall. Das Geld können Sie sich dann über den Lohnsteuerjahresausgleich wieder zurückholen.

Pauschale Besteuerung. In der Regel verlangen Arbeitgeber jedoch bei einem 450-Euro-Job keine Lohnsteuerkarte und zahlen entweder eine einheitliche Pauschsteuer in Höhe von 2 Prozent des Entgelts an die Minijob-Zentrale oder eine pauschale Lohnsteuer von 20 Prozent (zuzüglich Solidaritätszuschlag und Kirchensteuer) an das Finanzamt. Voraussetzung für die Pauschsteuer ist, dass der Arbeitgeber für diese Beschäftigung Rentenversicherungsbeiträge zahlt. Neben der Lohnsteuer sind in den 2 Prozent auch der Solidaritätszuschlag und die Kirchensteuer enthalten, selbst wenn der Minijobber keiner Religionsgemeinschaft angehört. Trotz der Versicherungsfreiheit der studentischen Jobber müssen Arbeitgeber zusätzlich zu den 2 Prozent auch Pauschalbeiträge an die Kranken- und Rentenversicherung (KV/RV) zahlen, wenn die Studierenden gesetzlich versichert sind: 13 Prozent des Verdienstes für die Krankenversicherung (entfällt bei

privat krankenversicherten Studenten) und 15 Prozent
für die Rentenversicherung. Insgesamt also 30 Prozent.
Eine Ausnahme gilt bei Minijobs in Privathaushalten: Hier
zahlen Arbeitgeber nur jeweils 5 Prozent Kranken- und
Rentenversicherung. Seit 2013 müssen die Minijobber in
der Rentenversicherung einen Eigenanteil von 3,9 Prozent
bei gewerblichen bzw. 13,9 Prozent in Privathaushalten
tragen, es sei denn, sie sind befreit.

Arbeitgeber, die keine Beiträge zur Rentenversicherung
zahlen müssen, können sich statt für die Pauschsteuer für
eine pauschale Lohnsteuer in Höhe von 20 Prozent entscheiden (plus Solidaritätszuschlag und Kirchensteuer).
In der Regel greift diese Variante, wenn jemand neben
seinem Hauptjob noch einer Nebenbeschäftigung auf
450-Euro-Basis nachgeht. Dem Namen nach sind solche

Beschäftigungsverhältnisse dann zwar immer noch Minijobs, sie müssen aber versicherungspflichtig bei der zuständigen Krankenkasse gemeldet werden. Die pauschale
Lohnsteuer wird dann nicht an die Minijob-Zentrale, sondern an das Finanzamt gezahlt.

Privathaushalte. Nicht nur Unternehmen, sondern auch
Privathaushalte können Minijobs vergeben. Passen Sie
beispielsweise auf Kinder auf oder putzen privat für Geld,
muss Ihr jeweiliger Arbeitgeber dieses Beschäftigungsverhältnis der Knappschaft-Bahn-See melden. Denn auch
dafür werden Sozialabgaben fällig. Bei privaten Haushal-
ten sind es für die Arbeitgeber jedoch nicht pauschal 30
Prozent, sondern nur 12 Prozent (2 Prozent Pauschsteuer,
5 Prozent Krankenversicherung, 5 Prozent Rentenversicherung). Damit soll Schwarzarbeit eingedämmt und es
Privatleuten einfacher gemacht werden, Haushaltshilfen
legal zu beschäftigen. Sie als Minijobber zahlen auf
Wunsch 13,9 Prozent Rentenversicherungsbeitrag.

Einkommensermittlung. Haben Sie mehrere Minijobs
gleichzeitig, sind Sie verpflichtet, alle Ihre Arbeitgeber
darüber zu informieren. Der Verdienst aus geringfügigen
Beschäftigungen wird nämlich zusammengerechnet und
darf auch dann 450 Euro nicht übersteigen. Um sicherzu-
gehen, dass keine Lohnsteuer vorzeitig abgezogen wird,
sollten Sie beim Finanzamt eine Lohnsteuerbefreiung
beantragen und den Befreiungsbescheid allen Arbeitgebern vorlegen. Übrigens: Arbeiten Sie nebenher in einer
gemeinnützigen Einrichtung als Übungsleiter, Erzieher,
Betreuer oder pflegen alte Menschen, werden diese Einkünfte bis zu 2.400 Euro pro Kalenderjahr steuerlich nicht
berücksichtigt.

Nur wenn unvorhergesehen oder gelegentlich (bis zu zwei
Monate im Jahr) mehr Arbeit anfällt, dürfen Minijobber bis
zu zweimal im Jahr über 450 Euro monatlich verdienen,

} Beispiele für Minijob-Berechnungen

Beispiel 1. Ein Student übt eine unbefristete Beschäftigung als Taxifahrer aus. Die wöchentliche Arbeitszeit beträgt während der Vorlesungszeit 18 Stunden, das monatliche Arbeitsentgelt 450 Euro. Während der Semesterferien arbeitet er 40 Stunden in der Woche und bekommt dafür 1.200 Euro pro Monat. Semesterferien sind in der Zeit vom 1. Juli bis zum 15. Oktober und vom 15. Februar bis zum 10. April.

Es besteht Versicherungsfreiheit in der Kranken-, Pflege- und Arbeitslosenversicherung, da die Beschäftigung des Studenten nicht mehr als 20 Stunden in der Woche umfasst und die Ausweitung der wöchentlichen Arbeitszeit auf mehr als 20 Stunden (hier: 40 Stunden) auf die Semesterferien beschränkt ist. Da sein regelmäßiger monatlicher Verdienst über 450 Euro liegt (im Rahmen eines Dauerarbeitsverhältnisses ist bei unterschiedlichen Arbeitsentgelten das durchschnittliche monatliche Arbeitsentgelt zu ermitteln), ist er hinsichtlich der Rentenversicherung durchgehend versicherungspflichtig. Er hat also weder während der Vorlesungszeit noch während der Semesterferien einen geringfügigen Minijob.

Beispiel 2. Eine Studentin arbeitet seit Jahren bei Arbeitgeber A für 18 Stunden pro Woche und bekommt dafür 800 Euro im Monat. Am 1. August nimmt sie eine weitere unbefristete Beschäftigung bei Arbeitgeber B mit einer wöchentlichen Arbeitszeit von 5 Stunden auf, wofür sie 220 Euro monatlich bekommt.

Bis zum 31. Juli unterliegt sie in der Beschäftigung bei A ausschließlich der Rentenversicherungspflicht, weil ihr monatlicher Verdienst über 450 Euro liegt. Die wöchentliche Arbeitszeit von unter 20 Stunden bedeutet hingegen Versicherungsfreiheit in der Kranken-, Pflege- und Arbeitslosenversicherung.

Ab 1. August: Durch Aufnahme der Beschäftigung bei Arbeitgeber B liegt sie ab August über der 20-Stunden-Grenze, wodurch sie versicherungspflichtig wird. Sie muss also in ihrer (Haupt-)Beschäftigung bei Arbeitgeber A ab diesem Zeitpunkt in allen Sozialversicherungszweigen Beiträge zahlen. Die Beschäftigung bei Arbeitgeber B bleibt für sie jedoch als erste geringfügig entlohnte Nebenbeschäftigung versicherungsfrei in der Kranken-, Pflege- und Arbeitslosenversicherung. Ihr Arbeitgeber muss Pauschalbeiträge zur Kranken- und Rentenversicherung zahlen.

Quelle: www.minijob-zentrale.de

ohne versicherungspflichtig zu werden. Darunter fallen beispielsweise Vertretungen im Krankheitsfall, die jedoch nachgewiesen werden müssen. Aufpassen heißt es auch beim Urlaubs- oder Weihnachtsgeld. Denn solche Sonderzahlungen werden anteilig auf alle Monate der Beschäftigung umgelegt. Steigt dadurch der durchschnittliche monatliche Verdienst über 450 Euro, werden sofort Steuern und Sozialabgaben fällig. Dann muss für die gesamte Beschäftigungszeit nachgezahlt werden. Wer mit einer Einmalzahlung über die 450-Euro-Grenze kommt und lieber versicherungsfrei bleiben möchte, kann bei seinem Arbeitgeber schriftlich darauf verzichten. Sie bleibt dann unberücksichtigt.

Mehrere Jobs. Viele Studierende kommen mit einem Minijob allein nicht klar und haben mehrere Jobs bei verschiedenen Arbeitgebern (gilt auch für freiwillige Praktika). Solange der Verdienst aus allen Jobs zusammen monatlich unter 450 Euro liegt, gibt es keine Probleme. In dem Moment, in dem Sie auch nur einen Euro mehr verdienen, werden alle wie ein einziger Job behandelt. Dann sind Sie nicht mehr geringfügig beschäftigt und müssen Sozialversicherungsbeiträge zahlen. Wer bereits eine versicherungspflichtige Hauptbeschäftigung hat, kann daneben noch einen 450-Euro-Minijob ausüben. Sind es mehrere, werden alle weiteren mit der Hauptbeschäftigung zusammengerechnet und sind damit sozialversicherungspflichtig.

Obwohl Minijobs für Arbeitnehmer weitgehend sozialversicherungsfrei sind, bieten sie einen gewissen Versicherungsschutz. Der umfasst zwar keine Ansprüche aus der Arbeitslosen- oder Pflegeversicherung, schließt aber die gesetzliche Unfallversicherung ein. Das heißt, dass Sie bei einem ordentlich gemeldeten Minijob gegen Arbeitsunfälle und Berufskrankheiten versichert sind. Außerdem haben Sie Anspruch auf Lohnfortzahlung im Krankheitsfall (⋯⋰ „Wichtige Infos", Seite 158 ff.).

Niedriglohnjob

Bei über 450 Euro Verdienst rutschen Studierende automatisch in den sogenannten Niedriglohnsektor. Er wird
auch „Gleitzone" genannt, da der Arbeitnehmerbeitrag
zur Sozialversicherung nur gleitend ansteigt: von rund
12 Prozent bei 450,01 Euro bis auf rund 20 Prozent bei
850,00 Euro. Erst darüber hinaus werden in vollem Umfang Sozialbeiträge und Steuern fällig. Jobs in der Gleitzone werden übrigens „Midijobs" genannt.

[] Was versteht man unter „Midijobs"?

Mit Wirkung zum 1. Januar 2013 hat der Gesetzgeber
festgelegt, dass ein Job im Niedriglohnsektor bzw. in der
Gleitzone vorliegt, wenn das daraus erzielte Arbeitsentgelt zwischen 450,01 und 850,00 Euro im Monat beträgt
und diese Grenze regelmäßig nicht überschreitet. Seitdem
ist in dieser Gehaltsspanne nur ein Teil des Lohns sozialversicherungspflichtig. Bei mehreren Beschäftigungsverhältnissen ist das Gesamtgehalt maßgebend.

Ab 450,01 Euro müssen die Arbeitgeber sofort den vollen
Beitragsanteil zur Sozialversicherung zahlen. Die geringere Bemessungsgrenze gilt übrigens nicht für Steuern:
Die fallen ab 450,01 Euro regulär an, können aber über
den Lohnsteuerjahresausgleich zurückgeholt werden.

■ Woher weiß man, wie viel man als Niedriglohnjobber zahlen muss?

Arbeitgeber zahlen zunächst wie sonst auch die Hälfte der
Beiträge zur Sozialversicherung, wohingegen der Anteil
der Studierenden ab 450,01 Euro linear bis zu ihrer Hälfte
ansteigt. Bei der Berechnung wird am unteren Ende der
Gleitzone ein Gesamtsozialversicherungsbeitrag von
25 Prozent unterstellt, obwohl er normalerweise bei über

40 Prozent liegt. Aufgrund all dieser Sonderregelungen ist es nicht ganz einfach, das eigentliche Gehalt zu berechnen. Diese Aufgabe muss der Arbeitgeber übernehmen. Als Grundlage dient das sogenannte Bemessungsentgelt. Das ist Ihr ermäßigter Verdienst, über den die Höhe Ihres Beitrags zur Sozialversicherung berechnet wird. Die Formel dafür lautet:

$$\text{Bemessungsentgelt} = F \times 450 + \left[\frac{850}{850 - 450} - \frac{450}{850 - 450} \times F\right] \times (AE - 450)$$

„AE" steht für das monatliche Arbeitsentgelt, also den Bruttolohn. „F" ist ein Faktor, der sich ergibt, wenn die Pauschalabgabe bei geringfügiger Beschäftigung, also 30 Prozent, durch den durchschnittlichen Sozialversicherungsbeitrag aller Versicherten geteilt wird. Dieser liegt derzeit bei 39,45 Prozent (Stand: 2014). Also beträgt „F" momentan 0,7605 (30 Prozent geteilt durch 39,45 Prozent). Hört sich kompliziert an und ist zugegebenermaßen auch nicht ganz einfach. Sie müssen sich jedoch nicht die Mühe machen, den Faktor F selbst auszurechnen. Er wird jährlich vom Bundesministerium für Arbeit und Soziales bekannt gegeben. Suchen Sie auf der Internetseite des Ministeriums unter www.bmas.de nach „Faktor F".

■ **Wie berechnet man, wie viel Arbeitnehmer zahlen müssen?**

Mal angenommen, Sie verdienen insgesamt 650 Euro im Monat, dann ergibt sich nach der Formel oben:

$$0{,}7605 \times 450 + \left[\frac{850}{850 - 450} - \frac{450}{850 - 450} \times 0{,}7605\right] \times (650 - 450) = 596{,}12 \text{ Euro}$$

Dann wird, um Ihre Beiträge zur Sozialversicherung zu berechnen, nicht Ihr tatsächliches Einkommen zugrunde gelegt, sondern nur 596,12 Euro. Die weitere Berechnung des Sozialversicherungsbeitrags sowie des Arbeitnehmer- und Arbeitgeberanteils ist kompliziert. Wer genau wissen will, wie sich der Beitrag zur Sozialversicherung errechnet, kann sich die Broschüre „Geringfügige Beschäftigung und Beschäftigung in der Gleitzone" auf der Seite des Arbeitsministeriums unter „Publikationen" bestellen: www.bmas.de. Oder aber seinen individuellen Beitragssatz anhand eines kostenlosen Gleitzonenrechners selbst ermitteln. Den bietet eine unabhängige Infobörse zur gesetzlichen Krankenversicherung im Internet an unter www.gleitzonenrechner.de.

So praktisch es ist, als Niedriglohnjobber nicht gleich die vollen Beiträge zur Sozialversicherung zahlen zu müssen, so kompliziert ist die Umsetzung der Gleitzone für die Unternehmen. Wenn Sie als Student zwei Jobs gleichzeitig haben, können beide Arbeitgeber nicht einfach die Gleitzonenregelung auf Ihr jeweiliges Gehalt anwenden. Denn die Höhe der Ermäßigung hängt vom Gesamtgehalt ab. Das heißt also, dass ein Arbeitgeber immer genau wissen muss, was der andere Arbeitgeber Ihnen jeden Monat zahlt. Es ist leider so kompliziert, wie es sich anhört. Haben Sie mehrere Jobs innerhalb der Gleitzone, muss jeder Arbeitgeber monatlich Ihr Bruttogehalt feststellen und Ihnen mitteilen. Daraufhin müssen Sie dessen Höhe an den jeweils anderen Arbeitgeber weiterleiten. Erst dann können Ihnen beide die Höhe Ihres Gesamtgehalts ausrechnen und überweisen.

Zu viel gezahlte Steuern können Sie sich nach Jahresende zurückholen – sofern Sie unter dem steuerlichen Freibetrag von derzeit 8.354 Euro plus Werbungskostenpauschbetrag, also 9.354 Euro, geblieben sind. Der Verdienst aus mehreren Minijobs wird für die Lohnsteuer nicht addiert.

Am Ende eines Monats bleibt in vielen Fällen bei einem
Niedriglohnjob weniger übrig als bei einem Minijob.

Kurzfristige Beschäftigung

Weil während des Semesters oft wenig Zeit bleibt, suchen
sich viele Studenten einen Job für die Semesterferien.
Solche Ferienjobs zählen zu den kurzfristigen Beschäftigungen. Dabei gilt in der Regel: Ist die Beschäftigung bei
fünf Arbeitstagen wöchentlich auf zwei Monate am Stück
oder maximal 50 Tage pro Kalenderjahr befristet, werden
keine Sozialabgaben fällig. Dabei ist es egal, wie hoch
der Verdienst ist und wie viele Stunden pro Woche gear-
beitet wird. Dauert er länger, müssen Sie doch Beiträge
zahlen.

Solche Ferienjobs, also kurzfristige Beschäftigungen,
sind zwar nicht sozialversicherungspflichtig. Aber Lohnsteuer will der Staat dennoch haben. Deshalb verlangen
Arbeitgeber bei Ferienjobs in der Regel eine Lohnsteuerkarte von Ihnen. Bei einem Verdienst von bis zu 8.354
Euro im Jahr können Sie sich eventuell gezahlte Steuern
am Jahresende über die Steuererklärung zurückholen
(⋯⋙ „Wichtige Infos", Seite 158 ff.).

[] **Was ist eine kurzfristige Beschäftigung?**

Kurzfristig ist eine Beschäftigung dann, wenn sie auf zwei
Monate oder 50 Arbeitstage im Kalenderjahr beschränkt
ist. Wenn Sie also in den Semesterferien beispielsweise
als Saisonkraft arbeiten, müssen Sie für diesen Job keine
Beiträge zur Sozialversicherung zahlen. Auch für den
Arbeitgeber fallen keine Pauschalbeiträge an.

Ist von vornherein geplant, dass diese Tätigkeit ein Dauer-
arbeitsverhältnis ist oder dass sie über einen längeren
Zeitraum immer wieder erfolgt, ist es in steuerlicher Hin-
sicht keine kurzfristige Beschäftigung. Auch dann nicht,
wenn die Voraussetzungen dafür sonst erfüllt sind.

Alternativ haben Arbeitgeber die Möglichkeit, für Ferienjobs pauschale Steuern in Höhe von 25 Prozent plus Solidaritätszuschlag und Kirchensteuer zu zahlen. Die können
dann auf Ihre studentischen Schultern abgewälzt werden.
Da pauschal gezahlte Lohnsteuern jedoch vom Staat nicht
zurückerstattet werden, fahren Sie in der Regel besser,
wenn Sie auf Lohnsteuerkarte arbeiten. Denn die meisten
Studierenden verdienen so wenig, dass sie unter dem
jährlichen Grundfreibetrag bleiben.

Wichtig: In puncto Sozialversicherung werden geringfügige und kurzfristige Jobs nicht zusammengerechnet. Das
heißt also, dass Sie sowohl einen Minijob bis 450 Euro
pro Monat während des Semesters als auch einen Ferien-
job haben können, ohne Sozialbeiträge zahlen zu müssen. Bei mehreren kurzfristigen Beschäftigungen gilt diese praktische Regelung nicht (⸱⸱⸱ „Minijob", Seite 164 ff.) .

Studentische Hilfskraft

Grundsätzlich müssten Studierende bei allen Jobs, die
nicht auf ein paar Wochen begrenzt sind und mehr als
450 Euro pro Monat einbringen, Lohnsteuer zahlen.
Zusätzlich würden eigentlich noch Beiträge zur Sozialversicherung fällig. Um das zu verhindern, hat der Gesetzgeber Ausnahmen geschaffen, so auch für studentische
Hilfskräfte an wissenschaftlichen Einrichtungen.

Ohne die sogenannten Hiwis geht an deutschen Hochschulen gar nichts. Ihre Welt ist das Recherchieren, Ord-

nen und Kopieren, und sie erklären in Tutorien, was der Professor nicht deutlich genug rübergebracht hat. Für viele, die an der Uni Karriere machen wollen, ist es ein schwer zu ergatternder Traumjob. Doch solch eine Arbeit ist in gewisser Weise auch ein Luxus, den man sich erst einmal leisten können muss. Denn obwohl Hiwis als Tutoren und Helfer der Professoren unentbehrlich sind, werden sie in der Regel mit Hungerlöhnen abgespeist.

[] **Was versteht man unter einem „Tutorium"?**

Ein Tutorium an einer Hochschule ist eine Lehrveranstaltung, in der ein fortgeschrittener Studierender mit den Teilnehmern Grundkenntnisse vertieft und -fertigkeiten einübt.

Eine Studie der Gewerkschaft Erziehung und Wissenschaft (GEW) zu den Arbeitsbedingungen von studentischen Hilfskräften hat ergeben, dass deren Löhne seit Jahren stagnieren. 5 Euro pro Stunde sind keine Seltenheit, über 90 Prozent verdienen zwischen 7 und 10 Euro pro Stunde. Viele trösten sich mit dem Gedanken, wenn nicht an der finanziellen, so doch wenigstens an der Unikarriere gebastelt zu haben.

Doch wie sieht es nun mit den Ausnahmen für Hiwis aus? Für sie gilt grundsätzlich dasselbe wie für andere studentische Beschäftigungsverhältnisse. Wer nicht mehr als 20 Stunden pro Woche während des Semesters arbeitet, muss keine Beiträge zur Sozialversicherung zahlen. Studentische Hilfskräfte können jedoch pro Woche auch länger arbeiten und befreit bleiben, wenn die Arbeit „den Erfordernissen des Studiums angepasst und untergeordnet ist". Das gilt zum Beispiel für Arbeiten am Wochenende oder für Abend- und Nachtarbeit. Rentenbeiträge werden grundsätzlich ab 450 Euro fällig (⋯⇥ „Minijob", Seite 164 ff.).

Weitere Infos zu studentischen Beschäftigungsverhältnissen finden Sie auf **www.students-at-work.de**, einer Internetseite des Deutschen Gewerkschaftsbunds. Suchen Sie in der Rubrik „Studium" nach „Recht im Job".

Praktikum

Streng genommen dient ein Praktikum dazu, in einen Beruf hineinzuschnuppern oder Erfahrungen zu sammeln. Es sollte also ursprünglich der beruflichen Orientierung bzw. dem beruflichen Fortkommen des Praktikanten dienen. Doch das hat sich geändert. Heute ist alles ein Praktikum, was als solches bezeichnet wird. Viele Praktikanten dürfen nur kopieren, Kaffee kochen oder wochenlang einfache Tätigkeiten erledigen. Oder sie werden als billige Arbeitskräfte ausgebeutet, indem sie professionelle Arbeiten verrichten und dafür kein Geld sehen.

Besonders stark sind seit ein paar Jahren Akademiker betroffen, die nach Abschluss ihres Studiums keinen Job finden und deshalb weiterhin Praktika machen (müssen). Nach einer Studie des Deutschen Gewerkschaftsbunds geht der Anteil der unbezahlten Praktika zwar zurück. Allerdings sank der durchschnittliche Monatslohn auf 550 Euro. Daher sind mehr als drei Viertel auf zusätzliche

[] **Was ist ein Praktikum?**

Unter einem studentischen Praktikum wird grundsätzlich eine Tätigkeit in einem Unternehmen verstanden, die inhaltlich zur Studienrichtung passt und auf den bisherigen Studieninhalten aufbaut. Es dient als gute Ergänzung zur universitären Theorie und soll Einblicke in das zukünftige Berufsfeld geben. Heutzutage sind Praktika nicht nur ein Pluspunkt im Lebenslauf, sondern bereits obligatorisch für den späteren Berufseinstieg. Viele Infos finden Sie im Buch „Chance Praktikum" ⟶ hintere Umschlaginnenseite.

finanzielle Unterstützung angewiesen. Ab 1. Januar 2015 gilt bundesweit der gesetzlich geregelte Mindestlohn in Höhe von 8,50 Euro pro Stunde. Davon ausgenommen sind nur Praktikanten, die ein Orientierungs- oder Pflichtpraktikum vor oder während einer Ausbildung oder eines Studiums absolvieren – für maximal drei Monate (Stand: 1. Juli 2014).

> **» Verbotene Ausbeutung**
>
> Das Bundesarbeitsgericht hat 2003 entschieden, dass bei einem Praktikumsverhältnis ein Ausbildungszweck im Vordergrund stehen muss. Richter können sich also bei ihren Entscheidungen auf den zweiten Absatz des § 138 BGB zu sittenwidrigen Rechtsgeschäften berufen. Danach darf sich niemand Vermögensvorteile verschaffen, „die in einem auffälligen Missverhältnis zu der Leistung stehen".

Auch wenn vieles nicht ideal ist: Praktika vermitteln zwischen Theorie und Praxis und gehören mittlerweile zur gängigen akademischen Ausbildung. In einigen Studiengängen sind sie sogar verpflichtend. Sozialversicherungsrechtlich wird zwischen Pflichtpraktika und freiwilligen Praktika unterschieden. Machen Studenten ein Praktikum, das in der Studien- oder Prüfungsordnung vorgeschrieben ist, müssen sie keinerlei Sozialabgaben zahlen, egal wie lange das Praktikum dauert, wie viele Stunden sie pro Woche arbeiten und wie viel Geld es dafür gibt.

Für freiwillige Praktika gelten andere Regeln. Sie werden seit Mitte 2004 wie ein normales Beschäftigungsverhältnis behandelt und sind somit nur so lange sozialversicherungsfrei, wie der Verdienst unter 450 Euro liegt.

Dann greifen die Bestimmungen für Mini- oder Niedrig-
lohnjobs (┄┅⟶ „Minijob", Seite 164 ff., und „Niedriglohnjob", Seite 170 ff.).

❯❯ Nebenjobs auf einen Blick

Studierende, die monatlich nicht mehr als 450 Euro
verdienen, müssen grundsätzlich keine Sozialabgaben
zahlen. Gleiches gilt, wenn der Job kurzfristig, also auf
zwei Monate oder 50 Tage im Kalenderjahr beschränkt ist.

Für alle, die mehr arbeiten, fällt die Sozialversicherungsfreiheit weg. Bis auf eine Ausnahme: Studenten, die vor
allem am Wochenende oder in Abend- und Nachtschichten
gelegentlich mehr als 20 Stunden pro Woche arbeiten,
bleiben auch darüber hinaus sozialversicherungsfrei.

Die Sozialversicherungsfreiheit für Pflichtpraktika beginnt
und endet mit dem ersten Studienabschluss. Da Sie vor
und nach dem Studium kein immatrikulierter Student
sind, gelten dann andere Regeln. Möchten Sie also beispielsweise nach dem Ende Ihres Studiums ein Praktikum
absolvieren, sind Sie voll sozialversicherungspflichtig.
Gleichgültig, ob Sie dadurch bessere Chancen auf einen
Berufseinstieg haben oder nicht.

＊ Wo Sie Praktika finden

Praktikumsstellen werden an den Schwarzen Brettern
der Universitäten oder in Praktikumsbörsen im Internet
ausgeschrieben (┄┅⟶ „Internetadressen" › „Jobben",
Seite 209). Weitere Infos dazu gibt es unter dem Suchbegriff „Praktikanten" auf **www.minijob-zentrale.de** oder
auf der Seite **www.students-at-work.de**.

Selbstständigkeit

In einigen Branchen arbeiten neben den regulären Arbeitnehmern viele sogenannte freie Mitarbeiter im Betrieb. Im
Journalismus ist das schon lange gängige Praxis, in anderen Branchen war es eine Folge der Sparzwänge der letzten Jahre. Freie Mitarbeit bedeutet, dass der Arbeitnehmer
kein Mitarbeiter des Unternehmens im eigentlichen Sinn,
sondern selbstständig ist und sich somit auch selbst versichern muss. Der Arbeitgeber kann sich dadurch unter anderem die Beiträge zur Sozialversicherung sparen.

>> **Formen der Selbstständigkeit**

Es gibt zwei Formen der Selbstständigkeit: **Freiberufler**
und **Gewerbetreibende**. Ärzte, Künstler, Journalisten oder
Wirtschaftsprüfer gehören beispielsweise zu den freien
Berufen, die nicht der Gewerbeordnung unterliegen. Diese
Freiberufler brauchen also keinen Gewerbeschein, um
selbstständig zu arbeiten, und zahlen keine Gewerbesteuer. Sie müssen sich lediglich beim Finanzamt melden
und bekommen dort eine Steuernummer. Im juristischen
und einkommensteuerrechtlichen Sinn sind diese freien
Tätigkeiten kein Gewerbe.

Wer zwar selbstständig, aber nicht freiberuflich tätig ist,
meldet ein Gewerbe an. Darunter fällt grundsätzlich jede
wirtschaftliche Tätigkeit, die auf eigene Rechnung, eigene
Verantwortung und auf Dauer betrieben wird, um damit
Gewinn zu erzielen. Im engeren Sinn werden darunter
produzierende und verarbeitende Tätigkeiten in Industrie
und Handwerk verstanden. Ein Gewerbe muss generell bei
der zuständigen Gemeinde an- und abgemeldet werden.
Dafür bekommt man einen Gewerbeschein.

Einigen Sie sich mit Ihrem Arbeitgeber darauf, dass Sie nach getaner Arbeit eine Rechnung schreiben, sind Sie fortan freiberuflich oder selbstständig tätig. Das gilt auch bei Honoraren, die vertraglich vereinbart wurden. Sie sind dann kein Arbeitnehmer und haben weniger Rechte als ein Beschäftigter. Der Vorteil ist, dass Sie Ihren Lohn brutto ausgezahlt bekommen und Steuern selbst an den Staat abführen müssen. Dafür haben Sie kein Recht auf Lohnfortzahlung im Krankheitsfall, sind nicht gesetzlich unfallversichert und müssen sich komplett selbst (sozial-) versichern.

Sie sollten Ihre Honorarjobs grundsätzlich in einem schriftlichen Vertrag regeln. Kommt es zu Unstimmig- keiten, können Sie Ihren Arbeitgeber so besser an die Ab- machung erinnern und stehen nicht vollkommen schutz- los im Regen. Wer keinen Vertrag hat, sollte zumindest Art und Umfang der Leistung, Zeitpunkt der Abgabe und die Höhe des Honorars genau absprechen.

■ Freiberufler

Typische freiberufliche Jobs von Studenten sind Dozenten- oder Übungsleitertätigkeiten, die Arbeit als Nachhilfe- lehrer oder Reporter bei einer Lokalzeitung. Dadurch schlittern Studenten häufig in die Selbstständigkeit, ohne es überhaupt zu merken. Um freiberuflich oder selbst- ständig arbeiten zu können, braucht man eine Steuer- nummer. Die wird beim Finanzamt über das Formular „Aufnahme einer gewerblichen, selbstständigen (freibe- ruflichen) [...] Tätigkeit" beantragt. Da das Ausfüllen nicht ganz einfach ist, wenn Sie sich noch nie mit der Materie beschäftigt haben, sollten Sie sich das Formular vorab von Mitarbeitern des Finanzamts oder einem Steuerberater erklären lassen.

Jeder Selbstständige ist verpflichtet, seine Steuern eigen- ständig ans Finanzamt abzuführen. Liegt der jährliche

Umsatz unter 17.500 Euro brutto, kann die sogenannte Kleinunternehmerregelung in Anspruch genommen werden. Dann wird keine Umsatzsteuer fällig. Können Sie jedoch bereits am Anfang abschätzen, dass Sie voraussichtlich mehr verdienen werden und akzeptieren Sie die Umsatzsteuerpflicht, gilt diese mindestens für fünf Jahre. Das kann sich beispielsweise für denjenigen lohnen, der hohe Ausgaben für Investitionen hat. Man kann nämlich die erhaltene Umsatzsteuer mit den Umsatzsteuerbeträgen verrechnen, die man selbst beim Kauf von Produkten oder Dienstleistungen an andere Unternehmen zahlt. Allerdings gibt es eine Reihe von Honorartätigkeiten, für die Sie von Ihren Kunden keine Umsatzsteuer verlangen können, da diese befreit sind. Sie müssen also gleich zu Beginn abschätzen, was besser für Sie ist. Keine leichte Aufgabe, doch auch hier kann Ihnen das Finanzamt – oder in Steuerberater – helfen.

[] Was ist eigentlich Einkommensteuer?

Wer in Deutschland Geld verdient, muss in der Regel Einkommensteuer an den Staat zahlen. Wie viel, hängt davon ab, wie hoch das zu versteuernde Einkommen ist, also wie viel jemand verdient. Zur Einkommensteuer zählen unterschiedliche Dinge, wie beispielsweise Lohnsteuer oder Kapitalertragsteuer.

Vereinfacht lässt sich sagen: Selbstständige zahlen in der Regel Einkommensteuer an den Staat und Nichtselbstständige Lohnsteuer. Die Höhe richtet sich nach der Steuerklasse, die auf der Steuerkarte eingetragen ist. Kapitalertragsteuer wird beispielsweise auf Einkünfte aus Geldanlagen fällig.

Jeder Selbstständige muss einmal im Jahr ausrechnen, welchen Gewinn er in den vergangenen zwölf Monaten gemacht hat. Das passiert über die Einkommensteuer-

erklärung, die bis zum 31. Mai des Folgejahres abzu-
geben ist. Für Kleinunternehmer reicht eine einfache
Einnahmenüberschussrechnung. Das heißt, der Gewinn
errechnet sich aus Einnahmen minus Ausgaben. Haben
Sie zusätzlich zur freiberuflichen Tätigkeit noch einen
Minijob, müssen Sie die Einkünfte daraus ebenfalls ange-
ben. Wer überhaupt keine Steuererklärung abgibt, für den
schätzt das Finanzamt, wie viel Steuern er zahlen muss.
Bei Studenten wird der steuerliche Grundfreibetrag von
8.354 Euro jährlich vom Gewinn abgezogen: Alles, was
darüber liegt, wird besteuert.

■ Gewerbetreibende
Wenn Sie, um Ihr Studium zu finanzieren, nebenbei
selbstständig, aber nicht freiberuflich tätig sind, müssen
Sie ein Gewerbe anmelden. Das ist ein Fall für Ihre zuständige Gemeinde oder Stadt und kostet zwischen 20
und 50 Euro. Sie legt auch die Höhe der Gewerbesteuer
fest und informiert das Finanzamt und die Industrie- und
Handelskammer über das neue Mitglied. Es fällt übrigens
erst dann Gewerbesteuer an, wenn Ihr jährlicher Gewinn
24.500 Euro übersteigt, was bei den wenigsten nebenbe-
ruflich arbeitenden Studenten der Fall sein wird. Es kann
durchaus sein, dass Sie mehrfach während des laufenden
Jahres Vorauszahlungen auf die Steuer leisten müssen.
Das kann das Finanzamt individuell festlegen. Am Ende
des Jahres muss auch jeder Gewerbetreibende eine
Steuererklärung abgeben.

Selbstständige sind in der Regel nicht sozialversicherungspflichtig. Aus diesem Grund haben sie auch keinen
Anspruch aus diesen Versicherungen. Das heißt für Studenten, dass sie sich freiwillig krankenversichern müssen, wenn sie die Voraussetzungen für eine studentische
Krankenversicherung oder Familienversicherung nicht
mehr erfüllen (⋯∻ „Kranken- und Pflegeversicherung",
Seite 11 ff.).

Sozialleistungen

Kein Job, kein Anspruch auf BAföG, die Eltern wollen nicht mehr zahlen, mit dem Stipendium hat es auch nicht geklappt. Bleibt einem Studenten als letzter Ausweg dann nur noch Hartz IV? Oder gibt es sonst irgendeine Möglichkeit, an Geld zu kommen, ohne einen Kredit aufnehmen zu müssen? In den meisten Fällen lautet die Antwort wohl eher Nein. Doch es gibt Ausnahmen.

Wohngeld

Das Konto ist leer, die Miete für das WG-Zimmer ist gerade angehoben worden. Da käme eine kleine Finanzspritze gerade recht. Sie haben schon einmal gehört, dass Studierende unter bestimmten Voraussetzungen Wohngeld bekommen können? Das ist nur zum Teil richtig. Grundsätzlich kann zwar jeder Bürger diesen Zuschuss zur Miete beantragen. Einige Gruppen sind jedoch von diesem Grundsatz ausgeschlossen. Dazu gehören auch Studierende, da sie theoretisch Anspruch auf BAföG haben. Trotzdem ist eine Förderung unter bestimmten Umständen möglich.

Um Wohngeld bekommen zu können, dürfen Studierende „dem Grunde" nach keinen Anspruch auf BAföG haben. Das ist dann der Fall, wenn sie:

- die Förderhöchstdauer für das BAföG überschritten haben,
- über 30 Jahre alt sind,
- ohne einen wichtigen Grund das Studienfach wechseln,
- keine Leistungsnachweise vorlegen können.

Es gilt nicht, wenn das Einkommen der Eltern zu hoch ist und Sie deshalb keinen Anspruch auf die staatliche Förderung haben. In dem Fall können Sie sich den Antrag auf Wohngeld gleich sparen, da die Unterhaltspflicht der Eltern eintritt. In allen anderen Fällen lohnt sich ein Antrag, selbst wenn Sie davon ausgehen, nie im Leben mit BAföG gefördert zu werden. Denn anhand des Ablehnungsbescheids kann die Wohngeldbehörde erkennen, dass Sie kein Recht darauf haben.

[] Was versteht man unter „Wohngeld?"

Wohngeld ist eine staatliche Unterstützung für Bürger, die aufgrund ihres geringen Einkommens einen Zuschuss zur Miete oder zu den Kosten selbst genutzten Wohneigentums erhalten.

Wichtig: Das Wohngeldgesetz wurde zum 1. Januar 2009 reformiert, seitdem gilb es für alle Wohngeldempfänger mehr Geld. Zudem können auch Haushalte mit einer Förderung rechnen, die zuvor leer ausgingen. Für Studierende bedeutet die Reform konkret:

- Wer BAföG als Bankdarlehen bekommt, kann einen Antrag auf Wohngeld stellen.
- Auch Studierende, die dem Grunde nach keinen BAföG-Anspruch (mehr) haben, haben eine Chance auf Wohngeld.
- Wer dem Grunde nach Anspruch auf BAföG hat (und von der Förderung ausgeschlossen wäre) und mit Kindern/Familienmitgliedern/Partner zusammenwohnt, kann Anspruch auf Wohngeld haben, sofern die genannten Personen nicht vom Wohngeld ausgeschlossen sind, weil sie beispielsweise ALG II oder Sozialgeld beziehen.

■ Bei Studierenden, die mit anderen (Nichtverwandten) in einer Wohngemeinschaft leben, kommt es nicht mehr darauf an, ob gemeinsam gewirtschaftet wird oder nicht. Wer offiziell Mieter (oder Untermieter) der Wohnung ist, kann einen Wohngeldantrag stellen (sofern er nicht dem Grunde nach einen BAföG-Anspruch hat).

Es lohnt sich also für Studierende, auf die diese Bedingungen zutreffen, einen Antrag auf Wohngeld zu stellen. Ob es am Ende tatsächlich Geld gibt, ist wieder eine andere Frage. Denn grundsätzlich können Studierende

nur in bestimmten Ausnahmefällen auf einen Wohngeldzuschuss hoffen können. Im Folgenden sind die oben genannten Punkte näher erläutert:

BAföG als Bankdarlehen. Wer BAföG als Bankdarlehen
erhält, kann einen Antrag auf Wohngeld stellen. Ob man
dann tatsächlich einen Zuschuss erhält, steht auf einem
anderen Blatt. Denn im Gesetz wird lediglich die „Hilfe
zum Studienabschluss" erwähnt (Wohngeldgesetz 2009,
§ 20 Abs. 2, Satz 2). Es dürften jedoch auch andere Förde-
rungen durch Bankdarlehen darunterfallen.

Kein Anspruch auf BAföG. Es können auch Studierende
Wohngeld bekommen, die keinen Anspruch (mehr) auf
BAföG haben. Also wenn:

- die Ausbildung nicht förderungsfähig ist, weil ein
  Student beispielsweise an einer nicht staatlich anerkannten Privathochschule oder nur in Teilzeit studiert,
- die Fachrichtung zu spät oder aus einem Grund ge-
  wechselt wird, der nicht als wichtig anerkannt ist,
- ein Studierender über 30 Jahre alt war, als er das Studium begann, und kein Überschreiten der Altersgrenze
  gerechtfertig ist,
- die Leistungsnachweise nicht rechtzeitig erbracht wurden,
- die Förderungshöchstdauer überschritten ist.

**Anspruch auf BAföG und Zusammenleben mit Kindern/
Eltern/Partner.** Auch Studierende, denen BAföG dem
Grunde nach zusteht, haben Chancen, einen Wohngeldzu-
schuss zu bekommen. Und zwar dann, wenn sie:

- alleinerziehend sind und das Kind kein Sozialgeld
  bezieht,
- bei den Eltern wohnen, die keine Sozialleistungen erhalten,

- mit einem Partner zusammenwohnen, der BAföG als Bankdarlehen bezieht,
- mit einem Partner zusammenwohnen, der keine Sozialleistungen bezieht oder beziehen könnte,
- mit Kind und Partner zusammenwohnen, die kein Sozialgeld o. Ä. beziehen.

Wohngemeinschaft. Studenten, die in Wohngemeinschaften leben, müssen seit der Wohngeldnovelle nicht mehr so genau aufpassen. Bis zur Reform 2009 sahen die Ämter eine gemeinsame Wohnung gern als Wirtschaftsgemeinschaft an, so, als würden alle Mitbewohner ihre Einkünfte zusammenlegen und aus einem Topf leben. Da das in den allermeisten Fällen nicht der Realität entsprach, wurde diese Regelung geändert.

* Tipps zum Wohngeldzuschuss

Es lohnt sich, früh dran zu sein, da der Wohngeldzuschuss erst ab dem Monat der Antragstellung und nicht rückwirkend gewährt wird. Informationen darüber samt Berechnungstabellen finden Sie auf den Seiten des Bundesministeriums für Verkehr und digitale Infrastruktur unter **www.bmvi.de**. Suchbegriff: „Wohngeld".

Wichtig: Wohngeld kann nicht für einzelne Personen beantragt werden, sondern nur für Haushalte. Da in einer Wohngemeinschaft in der Regel jeder seinen eigenen Haushalt führt, können alle Mieter (oder Untermieter) für ihren Anteil an der Wohnung einen gesonderten Antrag stellen, sofern sie für Wohngeld in Betracht kommen. Wohnen Sie in einer WG und sind kein direkter Mieter (oder Untermieter), sind Sie überhaupt nicht wohngeldberechtigt. Übrigens wird in einer WG nie die komplette Miete berücksichtigt. Wohnen Sie also beispielsweise zu dritt in einer Wohnung, die monatlich 600 Euro kostet, wird dieser Betrag durch drei geteilt, und es zählt nur der Anteil von 200 Euro.

Wohngeld können Sie beim Sozialamt oder der Wohngeldstelle der Kommune beantragen. Wird Ihnen der Zuschuss zugebilligt, gilt er immer nur für ein Jahr, und er kann nicht rückwirkend gewährt werden. Wie viel Sie letzten Endes als Zuschuss bekommen können, hängt ab:

- vom Alter und der Ausstattung der Wohnung,
- von der Höhe der Miete,
- von der Anzahl der Personen, die zum Haushalt zu rechnen sind,
- von der Einwohnerzahl der Gemeinde,
- von Ihrem Einkommen.

Der Zuschuss wird erst ab dem Monat der Antragstellung gewährt. Es empfiehlt sich also, damit nicht zu lange zu warten. Die vielen Nachweise, die beizufügen sind, können Sie später nachreichen. Wohngeld gibt es übrigens nur dann, wenn Sie mit Ihrem Einkommen unter der Höchstgrenze bleiben: 860 Euro bei einem Ein-Personen-Haushalt, 1.170 Euro im Falle eines Zwei-Personen-Haushalts oder 1.430 Euro bei einem Drei-Personen-Haushalt (Stand: Juni 2014). Die Werte beziehen sich auf die Mietstufe VI. Grundsätzlich ist es also nur dann sinnvoll, einen Antrag zu stellen, wenn Sie als Student tatsächlich bedürftig sind. Bedürftig, aber wiederum nicht zu bedürftig. Denn auch wer zu wenig zum Leben hat, bekommt kein Wohngeld. Hintergrund ist, dass es lediglich ein Zuschuss zur Miete sein soll und nicht dazu gedacht ist, den sonstigen Lebensunterhalt zu finanzieren. Sie sollten also mindestens Einkünfte in Höhe von 390 Euro haben. Woher die kommen, ist egal. Sonst könnte das Amt misstrauisch werden und unterstellen, dass Sie Einkommen verschweigen. Es gibt sogar eine Verwaltungsvorschrift, die den Wohngeldstellen vorschreibt, genau das zu tun, wenn das Mindesteinkommen unter dem sozialhilferechtlichen Bedarf liegt. Übrigens: Wohngeld wird nur für „angemessenen" Wohnraum gewährt. Ihre Wohnung darf also nicht zu groß sein.

Doch wonach bemisst sich der Zuschuss? Ein Blick in die Wohngeldtabelle des Bundesministeriums für Verkehr und digitale Infrastruktur sorgt für Aufklärung. Auf dessen Internetseite finden Sie unter dem Suchbegriff „Wohngeld" verschiedene Berechnungstabellen. Grundsätzlich gilt: je höher das Einkommen, desto geringer der Zuschuss. Dazu zählen übrigens auch Kindergeld, Unterhalt der Eltern sowie der BAföG-Zuschussanteil. Ein Beispiel aus der Tabelle für nur eine zum Haushalt zählende Person: Hätte ein Student ein Gesamteinkommen von 500 Euro im Monat und würde er 215 Euro Miete bezahlen, könnte er in Mietstufe VI unter den oben genannten Voraussetzungen derzeit 93 Euro Wohngeldzuschuss bekommen (Stand: Juni 2014).

■ **Stichwort: Wohnberechtigungsschein**
Aufgrund ihres geringen Einkommens haben Studierende in der Regel Anspruch auf einen Wohnberechtigungsschein (WBS). Der WBS ist in Deutschland die Voraussetzung, um an eine mit öffentlichen Mitteln geförderte Sozialwohnung zu kommen. Er wird einkommensabhängig erteilt und ist jeweils für ein Jahr gültig. Derzeit darf eine Einzelperson über bis zu 12.000 Euro Jahreseinkommen verfügen (Stand: Juni 2014), für einen Zwei-Personen-Haushalt liegt die Grenze bei 18.000 Euro. Für jedes Kind erhöht sie sich um 500 Euro (in Berlin liegen die Einkommensgrenzen übrigens höher als im Bundesschnitt). Werden Sie noch von den Eltern unterstützt, wird zwar in manchen Fällen vermutet, dass Sie keinen selbstständigen Haushalt führen. Das lässt sich jedoch widerlegen. Dann öffnet sich durch den WBS die Tür zum öffentlich geförderten sozialen Wohnungsbau. Damit können auch

Studenten an eine – in der Regel günstigere – Sozialwohnung kommen.

Sozialwohnungen werden nämlich vorwiegend an bestimmte Gruppen vergeben, wie beispielsweise an Familien mit mindestens einem Kind, die keine Wohnung oder zu wenig Platz haben. Oder an ein Paar, das keine eigene Wohnung hat, wenn eine Schwangerschaft ab der 14. Woche nachgewiesen ist. Auf dem Schein wird die zulässige Wohnungsgröße vom Amt festgelegt. Mehr Infos auf der Seite www.bmvi.de unter dem Suchbegriff „Soziale Wohnraumförderung".

Sozialgeld

Auszubildende, deren Ausbildung im Rahmen des Bundesausbildungsförderungsgesetzes oder der §§ 60 bis 62 des Dritten Buches Sozialgesetzbuch (SGB III) dem Grunde nach förderungsfähig ist, haben keinen Anspruch auf Hilfe zum Lebensunterhalt. Sie können nur in besonderen Härtefällen eine Beihilfe oder ein Darlehen bekommen. Das heißt: Für Studierende gibt es in der Regel kein Sozialgeld.

[] Was ist Hartz IV?

Gesetzliche Grundlage von Hartz IV ist das „Vierte Gesetz für moderne Dienstleistungen am Arbeitsmarkt", das zum 1. Januar 2005 in Kraft trat. Benannt nach seinem geistigen Vater Peter Hartz, regelt es die Zusammenführung von Arbeitslosenhilfe und Sozialhilfe auf dem Leistungsniveau der bisherigen Sozialhilfe.

Seit Januar 2005 bekommen Bürger, die selbst nicht genug für ihren Lebensunterhalt aufbringen können, entweder das sogenannte Arbeitslosengeld II – im Volksmund auch „Hartz IV" genannt – oder Sozialgeld. Die frühere Arbeitslosenhilfe und Sozialhilfe wurden abgeschafft. Alleinstehende, die mit Hartz IV gefördert werden, bekommen am Anfang jedes Monats 391 Euro. Der Sozialgeld-Regelsatz wurde zum 1. Januar 2014 angehoben. Volljährige Partner bekommen jetzt jeweils 353 Euro. Kinder bis zur Vollendung des sechsten Lebensjahres erhalten 229 Euro, Kinder zwischen 6 und 14 Jahren 261 Euro und Jugendliche zwischen 14 und 18 Jahren 296 Euro. Für Erwachsene im Haushalt anderer gibt es 313 Euro. Miete und Heizkosten werden übernommen. Das gilt für Personen, die hilfebedürftig, zwischen 15 und 65 Jahre alt und erwerbsfähig sind. Sozialgeld gibt es nur noch für Personen, die überhaupt nicht arbeiten können. Ab dem 16. Lebensjahr wird genauso viel gezahlt wie beim Arbeitslosengeld II.

Studierende haben leider keinen Anspruch auf Hartz IV. Der Grund ist, dass der Staat davon ausgeht, mit dem BAföG schon genug getan zu haben. Und für die, die kein BAföG bekommen, könnten ja die Eltern aufkommen. Die Behörden vom Gegenteil zu überzeugen gestaltet sich bisweilen recht schwierig, wenn nicht gar unmöglich. Das Dilemma ist nämlich: Studierende sind zwar genau im richtigen Alter, können arbeiten und würden somit unter die Voraussetzungen für Hartz IV fallen. Sie stehen dem Arbeitsmarkt aufgrund ihres Studiums jedoch nicht vollständig zur Verfügung. Deshalb haben sie in der Regel weder Anspruch auf Hartz IV noch auf Sozialgeld.

Ausnahmen werden nur wenige gemacht, beispielsweise für Studierende mit Kind. Die haben – soweit eigenes Einkommen und Vermögen dem nicht entgegenstehen – Anspruch auf Sozialleistungen sowie auf Leistungen für

„Mehrbedarfe". Das gilt für Urlaubssemester ebenso wie für die Zeit während des normalen Studiums. Für ihre Kinder können studierende Eltern Sozialgeld bekommen.

Eine weitere Ausnahme gilt für Studierende, die ein Urlaubssemester einlegen. Die sind in dieser Zeit nämlich nicht ordentlich immatrikuliert, stehen dem Arbeitsmarkt voll zur Verfügung und könnten somit Arbeitslosengeld II, also Hartz IV beantragen. Auch Studenten, die drei Monate lang aufgrund einer Krankheit nicht studieren können, haben theoretisch Anspruch darauf. Ab dem vierten Monat werden allerdings die BAföG-Zahlungen eingestellt, sofern man welche bekommt. Weitere Härtefälle gelten, wenn,

- jemand kurz vor dem Abschluss steht und kein Geld mehr hat,
- jemand körperlich oder generell gesundheitlich sehr schwer eingeschränkt ist,
- die Lebenssituation generell sehr atypisch ist.

Letzten Endes entscheidet das Sozialamt über Einzelfälle. Ein Härtefall liegt übrigens nicht vor, wenn Sie Ihr Studium abbrechen mussten, um über einen Job Ihren Lebensunterhalt zu finanzieren.

Vergünstigungen

Preisvergleiche und Sparen sind bei vielen Studenten schon zu einem regelrechten Sport geworden. Einkauf beim Discounter, Essen in der Mensa, Kino an Studententagen und Cocktails sowieso nur in der Happy Hour. Es gibt viele Möglichkeiten, um zu vermeiden, dass grundsätzlich gähnende Leere im Geldbeutel herrscht. Der Studentenausweis bietet am meisten Sparpotenzial. Allerdings sollten Sie ihn dafür immer griffbereit haben. Daneben gibt es weitere Tricks, um den Kontostand nicht schon in der Monatsmitte ins Minus rutschen zu lassen.

Rundfunkbeitrag

Früher versuchten (nicht nur) Studenten gern, sich mit allen Mitteln vor der GEZ-Gebühr zu drücken, auch, indem sie den Mitarbeitern der Gebühreneinzugszentrale den Zutritt zur Wohnung verwehrten. Heute ist das nicht mehr möglich und nötig. Denn zum Januar 2013 wurde die Rundfunkgebühr, die von der GEZ eingetrieben wurde, durch den sogenannten Rundfunkbeitrag ersetzt. Seitdem spielt es keine Rolle mehr, wer welche und wie viele Geräte zum Empfang bereithält. Stattdessen fällt für jede Wohnung ein pauschaler Beitrag an.

Der Rundfunkbeitrag funktioniert nach dem Prinzip, alle Bürger an der Finanzierung der öffentlich-rechtlichen Sender zu beteiligen. Es werden nicht nur diejenigen zur Kasse gebeten, die Rundfunkgeräte besitzen, sondern alle Erwachsenen. Im Vergleich zu früher wird jedoch nur noch ein Beitrag pro Wohnung fällig. Das Nachsehen haben diejenigen, die ohne Fernseher, Radio und Internet auskommen und das „Vergnügen" der anderen mitfinanzieren müssen. Eingezogen werden die Beiträge vom GEZ-Nachfolger, dem ARD ZDF Deutschlandradio Beitragsservice.

Der Rundfunkbeitrag liegt einheitlich bei 17,98 Euro, egal wie viele Personen in der Wohnung leben und wie viele Geräte sie besitzen. Nach der Definition des Beitragsservice ist eine Wohnung eine ortsfeste, baulich abgeschlossene Einheit, die zum Wohnen oder Schlafen geeignet ist, einen eigenen Eingang hat und nicht ausschließlich über eine andere Wohnung begehbar ist. Beitragspflichtig sind auch Zweit- und Nebenwohnungen sowie privat genutzte Ferienwohnungen. Nichts bezahlen muss man für Zimmer oder Wohnungen in Gemeinschaftsunterkünften wie Internaten oder Kasernen, ebenso wenig in Gartenlauben.

Zahlen muss immer der Inhaber der Wohnung, also nicht der Eigentümer oder Vermieter, sondern derjenige, der darin wohnt. Sind das mehrere Erwachsene, müssen sie gemeinsam für den Beitrag aufkommen. Auch wenn sie theoretisch alle einzeln beitragspflichtig sind, muss faktisch nur einer zahlen. Wer das ist, können die Bewohner unter sich ausmachen.

In manchen Fällen kommen Studierende um die Zahlung des Rundfunkbeitrags herum. Das gilt für alle, die BAföG beziehen und nicht bei den Eltern wohnen. Den Antrag dafür können Sie auf der Website www.rundfunkbeitrag.de ausfüllen und ihn anschließend ausgedruckt mit einer beglaubigten Kopie an den Beitragsservice schicken. Je früher, desto besser – denn Sie werden erst ab dem Monat von der Gebühr befreit, der auf die Antragstellung folgt, nicht rückwirkend. Mit jedem neuen BAföG-Antrag muss auch die Befreiung neu beantragt werden. Mit in der Wohnung lebende Ehe- oder eingetragene Lebenspartner sind automatisch mitbefreit. Sonst können sich nur behinderte

Menschen (insbesondere Blinde und Gehörlose) vom
Rundfunkbeitrag befreien lassen. Die einzige andere Ausnahme wird bei Härtefällen gemacht, also beispielsweise
dann, wenn Sie keine staatlichen Sozialleistungen bekommen, weil Ihr Einkommen die Bedarfsgrenze knapp
übersteigt, oder Sie darauf verzichten, obwohl Sie Anspruch darauf hätten. Voraussetzung ist, dass die Über-
schreitung geringer ist als die Höhe des Rundfunkbeitrags.

Wer in eine Wohngemeinschaft einzieht, sollte gleich zu
Beginn fragen, ob schon jemand den Rundfunkbeitrag
zahlt. Dann entfällt für alle anderen Bewohner die Pflicht,
sich beim Beitragsservice anzumelden. Das ändert sich
erst, wenn der Zahler auszieht, sich von der Beitrags-
pflicht befreien lässt oder aus anderen Gründen nicht
mehr zahlt. Hat sich noch keiner darum gekümmert, sollte
das mindestens ein Bewohner unverzüglich (innerhalb
eines Monats) nachholen, um keine Ordnungswidrigkeit
entstehen zu lassen, die mit einer Geldbuße geahndet
werden kann. Weitere Infos: www.rundfunkbeitrag.de.

>> **Gebühr oder Beitrag?**

Während eine **Gebühr** nur für eine besondere öffentliche
Leistung erhoben werden darf, die eine Person tatsächlich
in Anspruch nimmt, genügt es bei einem **Beitrag**, dass
die Möglichkeit zur Nutzung besteht. Beiträge müssen
deshalb auch diejenigen zahlen, welche die Leistung nicht
nutzen.

Telekommunikation

■ Telekom-Sozialtarif

Ein Studierender, der noch nicht auf Call-by-Call oder eine Flatrate umgestellt hat und weiterhin über die Telekom oder einen anderen Kommunikationsanbieter telefoniert, dürfte die Telefonrechnung schon einige Male mit einem mulmigen Gefühl im Bauch geöffnet haben. Doch das muss nicht sein. Vergleichen Sie deshalb Studentenkonditionen verschiedener Anbieter. Sie können beispielsweise den Telekom-Sozialtarif beantragen. Den gibt es für alle, die vom Rundfunkbeitrag befreit sind und/oder BAföG erhalten. Es genügt, den Bescheid vorzulegen. Schon können Sie eine monatliche Gutschrift von 6,94 Euro auf Ihre anfallenden Gesprächskosten bekommen. Außer BAföG-Empfängern werden nur blinde, gehörlose oder sprachbehinderte Studierende mit einem Behinderungsgrad von mindestens 90 Prozent in Höhe von 8,72 Euro befreit.

[] Was heißt „Call-by-Call"?

Der englische Begriff bedeutet wörtlich „Anruf-für-Anruf" und bezeichnet die Möglichkeit, Telefongespräche oder eine Internetverbindung mittels eines anderen Anbieters zu führen als mit dem Vertragspartner, der den Telefonanschluss bereitstellt.

Das heißt also, dass nicht – wie viele glauben – die Anschlussgebühr erlassen wird, sondern lediglich Gesprächsgebühren in Höhe von rund 7 Euro. Wird weniger telefoniert oder über andere Anbieter als die Telekom, dann verfällt die monatliche Gutschrift. Der spezielle Tarif wird immer für ein Jahr gewährt. Danach muss er neu beantragt werden. Vorsicht ist jedoch bei WGs geboten. Sie sollten alleiniger Anschlussinhaber sein, damit Sie problemlos die Gutschrift erhalten. Der Antrag wird direkt an die Telekom gestellt. Wenn Sie gleichzeitig die Befreiung vom Rundfunkbeitrag beilegen, kann eigentlich nichts mehr schiefgehen. Um mehr darüber zu erfahren, geben Sie auf www.telekom.de den Suchbegriff „Sozialtarif" ein.

Girokonto

Alle, die Geld von den Eltern bekommen, BAföG beziehen, nebenher jobben oder auch nur eine Überweisung tätigen wollen, brauchen ein eigenes Bankkonto. Die meisten Studienanfänger haben bereits ein Jugendgirokonto. Doch Studenten bekommen Extrakonditionen, über die sich viel Geld sparen lässt. Zuerst einmal sind die meisten Studentenkonten kostenlos: Es werden keine Kontoführungsgebühren erhoben. Außerdem gibt es bei vielen Banken die EC-Karte gratis dazu. Einige haben mit kostenlosen Kreditkarten oder Wertpapierdepots noch mehr in petto. Aktuelle Girokontentests finden Sie auf der Seite der Stiftung Warentest unter www.test.de. Oft ist mit 27 Jahren endgültig Schluss mit dem kostenlosen Girokonto, bei einigen Banken jedoch auch erst mit 30: ein Alter, das in Bankenkreisen anscheinend als biologische Höchstgrenze für Studenten gilt.

» Kontoumzug

Einige Studenten lassen ihr Jugendgirokonto einfach auf ein studentisches Konto umstellen. Bei den großen Banken können Sie es so in die Studienstadt „mitnehmen".

Schwieriger gestaltet sich das bei Konten der Sparkassen oder Volks- und Raiffeisenbanken, da diese autark und ortsgebunden sind. In diesem Fall lohnt sich die Eröffnung eines neuen Kontos, damit Sie vor Ort Zugriff auf Ihre Kontoauszüge haben. Oder Sie entscheiden sich für Online-Banking.

Studentenausweis

Ihren Studentenausweis sollten Studierende immer bei sich tragen. Er ist Gold wert – vor allem rund um die Uni: im Kopierladen, beim Buchhändler, Friseur oder im Schwimmbad. Auch bei kulturellen Einrichtungen lässt sich damit sparen. Denn viele Theater, Ausstellungen oder Kinos bieten Studenten Rabatte. Bei Letzteren ist es recht einfach, diese zu bekommen. Wer jedoch verbilligte Eintrittskarten für Theater oder Oper ergattern will, braucht im wahrsten Sinne des Wortes ein gutes Stehvermögen. Viele Bühnen bieten zwar Studententickets an. Die gibt es jedoch oft nur als Restkarten an der Abendkasse.

Ein Studium verpflichtet, und so gehört Bildung schon morgens auf den Tisch. Eine Tageszeitung zum Frühstück und dann noch ein Nachrichtenmagazin, um den Überblick zu behalten. Das geht ganz schön ins Geld und ist für viele Studenten unbezahlbar. Die Zeitungen und Magazine in den Bibliotheken sind entweder nicht mehr da oder total zerfleddert, wenn man sie endlich in die Hände bekommt. Wer also ein bisschen Geld übrig hat, holt sich ein Studentenabo. Die sind in der Regel im Vergleich zu den normalen Abonnements konkurrenzlos günstig. In vielen Fällen können Studenten bis zu 40 Prozent sparen. Weitere Infos dazu finden Sie auf den Internetseiten der jeweiligen Zeitschriften und Zeitungen.

Wen häufig das Fernweh packt, der braucht unbedingt den internationalen Studentenausweis (ISIC). Der Inhaber kann damit die Studententarife von etwa 80 Fluggesellschaften nutzen und auch im Ausland die Urlaubskasse schonen. Beispielsweise gibt es damit in über 125 Ländern über 40.000 Rabattangebote, verbilligte Unterkünfte, Eintrittspreise und Bahnfahrten. Viel Ersparnis für 12 Euro Einsatz für den Ausweis, der bis zu 15 Monate gültig ist. Ausgestellt wird er vom Studentenwerk, AStA oder studentischen Reisebüros. Sie können ihn aber auch online auf www.isic.de beantragen.

Fahrpreisermäßigungen

An vielen deutschen Unis und Fachhochschulen haben Studierendenvertretungen erreicht, dass ein spezielles Semesterticket eingeführt wird. Für Studenten ist so ein Ticket eine wirklich preiswerte Alternative zum eigenen Auto. Vor allem, wenn die Hochschulstadt eine gute Bahnanbindung hat. In den meisten Fällen gilt das Ticket im gesamten Verkehrsverbund der jeweiligen Region für Bus, Bahn, S- und U-Bahnen. Der Preis dafür ist meist

schon im Semesterbeitrag enthalten und nicht sehr hoch,
da alle Studierenden einen Festbetrag zahlen müssen
und das Ticket dadurch günstig wird. Am besten fragen
Sie an der Hochschule nach, ob es auch in Ihrer Unistadt
so etwas gibt.

Bei der Deutschen Bahn bekommen Studierende gegen
Vorlage des Studentenausweises die BahnCard 50 für die
Hälfte des regulären Preises – also im Moment für 127
Euro (Stand: Juni 2014). Allerdings nur, wenn sie nicht
älter als 26 sind. Damit ist Bahnfahren für ein Jahr nur
halb so teuer wie normal. Daneben können Studenten für
Wochen- und Monatskarten für Reisen zwischen Wohn-
und Studienort Ermäßigungen erhalten. Weitere Infos zur
ermäßigten BahnCard auf www.bahn.de.

Service

Info-Adressen

■ **Stipendien/Fördermöglichkeiten**

Bundesministerium für Bildung und Forschung
Referat Öffentlichkeitsarbeit
Hannoversche Straße 28–30
10115 Berlin
Telefon: 0 30/18 57-0
E-Mail: information@bmbf.bund.de
www.bmbf.de

Avicenna-Studienwerk
Kamp 81/83
49074 Osnabrück
Telefon: 05 41/44 01 13-04
E-Mail: info@avicenna-studienwerk.de
www.avicenna-studienwerk.de

Cusanuswerk – Bischöfliche Studienförderung
Baumschulallee 5
53115 Bonn
Telefon: 02 28/9 83 84-0
E-Mail: info@cusanuswerk.de
www.cusanuswerk.de

Deutscher Akademischer Austauschdienst – DAAD
Kennedyallee 50
53175 Bonn
Telefon: 02 28/8 82-0
E-Mail: auslandsstudium@daad.de
www.daad.de

Dr. Jost Henkel Stiftung
Henkelstraße 67
40589 Düsseldorf
Telefon: 02 11/7 97-0
www.henkel.de/stipendium-35559.htm

e-fellows.net
Sattlerstraße 1
80331 München
Telefon: 0 89/2 32 32-315
E-Mail: stipendium@e-fellows.net
www.e-fellows.net

Ernst Ludwig Ehrlich Studienwerk (ELES)
Postfach 120855
10598 Berlin
Telefon: 0 30/31 99 81 70-0
E-Mail: info@eles-studienwerk.de
www.eles-studienwerk.de

Evangelisches Studienwerk e. V. Villigst
Iserlohner Straße 25
58239 Schwerte
Telefon: 0 23 04/7 55-1 96
E-Mail: info@evstudienwerk.de
www.evstudienwerk.de

Friedrich-Ebert-Stiftung e. V.
Godesberger Allee 149
53175 Bonn
Telefon: 02 28/8 83-80 00
E-Mail: stipendien@fes.de
www.fes.de/studienfoerderung

Friedrich-Naumann-Stiftung für die Freiheit
Bereich Politische Bildung und
Begabtenförderung
Karl-Marx-Straße 2
14482 Potsdam
Telefon: 03 31/70 19-0
E-Mail: stipendium@freiheit.org
www.freiheit.org

Fulbright-Kommission
Deutsche Programmabteilung
Oranienburger Straße 13–14
10178 Berlin
Telefon: 0 30/28 44 43-0
E-Mail: gpu@fulbright.de
www.fulbright.de

Haniel Stiftung
Franz-Haniel-Platz 6–8
47119 Duisburg
Telefon: 02 03/8 06-367
E-Mail: stiftung@haniel.de
www.haniel-stiftung.de

Hanns-Seidel-Stiftung e. V.
Förderungswerk
Lazarettstraße 33
80636 München
Telefon: 0 89/12 58-0
E-Mail: info@hss.de
www.hss.de

Hans-Böckler-Stiftung
Abteilung Studienförderung
Hans-Böckler-Straße 39
40476 Düsseldorf
Telefon: 02 11/77 78-0
E-Mail: Dietrich-Einert@boeckler.de
www.boeckler.de

Heinrich-Böll-Stiftung e. V.
Studienwerk
Schumannstraße 8
10117 Berlin
Telefon: 0 30/2 85 34-400
E-Mail: studienwerk@boell.de
www.boell.de/studienwerk

International Co-operative Studies (I.C.S.) e. V.
Theresienstraße 9
90403 Nürnberg
Telefon: 09 11/37 65 00-201
E-Mail: info@ics-ev.de
www.ics-ev.de

Konrad-Adenauer-Stiftung e. V.
Begabtenförderung und Kultur
Rathausallee 12
53757 Sankt Augustin
Telefon: 0 22 41/2 46-0
E-Mail: zentrale@kas.de
www.kas.de

Rosa-Luxemburg-Stiftung
Studienwerk
Franz-Mehring-Platz 1
10243 Berlin
Telefon: 0 30/4 43 10-223
E-Mail: studienwerk@rosalux.de
www.rosalux.de

**Stiftung Begabtenförderung berufliche
Bildung (SBB)**
Lievelingsweg 102–104
53119 Bonn
Telefon: 02 28/6 29 31-0
E-Mail: info@sbb-stipendien.de
www.sbb-stipendien.de

Stiftung der Deutschen Wirtschaft e. V.
im Haus der Deutschen Wirtschaft
Breite Straße 29
10178 Berlin
Telefon: 0 30/20 33-15 40
E-Mail: studienfoerderwerk@sdw.org
www.sdw.org

**Studienstiftung des
deutschen Volkes e. V.**
Ahrstraße 41
53175 Bonn
Telefon: 02 28/8 20 96-0
E-Mail: info@studienstiftung.de
www.studienstiftung.de

■ Allgemeine Verbraucher-
informationen

Stiftung Warentest
Lützowplatz 11–13
10785 Berlin
Telefon: 0 30/26 31-0
Fax: 0 30/26 31-27 27
www.test.de

**Verbraucherzentrale
Bundesverband e. V.**
Markgrafenstraße 66
10969 Berlin
Telefon: 0 30/2 58 00-0
Fax: 0 30/2 58 00-5 18
www.vzbv.de

■ Verbraucherzentralen

**Verbraucherzentrale
Baden-Württemberg e. V.**
Paulinenstraße 47
70178 Stuttgart
Telefon: 0 18 05/50 59 99 (0,14 €/min.,
Mobilfunkpreis maximal 0,42 €/min.)
Fax: 07 11/66 91-50
www.vz-bawue.de

Verbraucherzentrale Bayern e. V.
Mozartstraße 9
80336 München
Telefon: 0 89/5 39 87-0
Fax: 0 89/53 75 53
www.verbraucherzentrale-bayern.de

Verbraucherzentrale Berlin e. V.
Hardenbergplatz 2
10623 Berlin
Telefon: 0 30/2 14 85-0
Fax: 0 30/2 11 72 01
www.vz-berlin.de

Verbraucherzentrale Brandenburg e. V.
Templiner Straße 21
14473 Potsdam
Telefon: 03 31/2 98 71-0
Fax: 03 31/2 98 71-77
www.vzb.de

Verbraucherzentrale Bremen e. V.
Altenweg 4
28195 Bremen
Telefon: 04 21/1 60 77-7
Fax: 04 21/1 60 77 80
www.verbraucherzentrale-bremen.de

Verbraucherzentrale Hamburg e. V.
Kirchenallee 22
20099 Hamburg
Telefon: 0 40/2 48 32-0
Fax: 0 40/2 48 32-290
www.vzhh.de

Verbraucherzentrale Hessen e. V.
Große Friedberger Straße 13–17
60313 Frankfurt/Main
Telefon: 0 18 05/97 20 10 (0,14 €/min.,
Mobilfunkpreis maximal 0,42 €/min.)
Fax: 0 69/97 20 10-40
www.verbraucher.de

**Verbraucherzentrale
Mecklenburg-Vorpommern e. V.**
Strandstraße 98
18055 Rostock
Telefon: 03 81/2 08 70 50
Fax: 03 81/2 08 70 30
www.nvzmv.de

Verbraucherzentrale Niedersachsen e. V.
Herrenstraße 14
30159 Hannover
Telefon: 05 11/ 9 11 96-0
Fax: 05 11/9 11 96-10
www.verbraucherzentrale-
niedersachsen.de

**Verbraucherzentrale
Nordrhein-Westfalen e. V.**
Mintropstraße 27
40215 Düsseldorf
Telefon: 02 11/38 09-0
Fax: 02 11/38 09-216
www.vz-nrw.de

**Verbraucherzentrale
Rheinland-Pfalz e. V.**
Seppel-Glückert-Passage 10
55116 Mainz
Telefon: 0 61 31/28 48-0
Fax: 0 61 31/28 48-66
www.verbraucherzentrale-rlp.de

**Verbraucherzentrale
des Saarlandes e.V.**
Trierer Straße 22
66111 Saarbrücken
Telefon: 06 81/5 00 89-0
Fax: 06 81/5 00 89-22
www.vz-saar.de

Verbraucherzentrale Sachsen e.V.
Katharinenstraße 17
04109 Leipzig
Telefon: 03 41/69 62 90
Fax: 03 41/6 89 28 26
www.verbraucherzentrale-sachsen.de

**Verbraucherzentrale
Sachsen-Anhalt e.V.**
Steinbockgasse 1
06108 Halle
Telefon: 03 45/2 98 03-29
Fax: 03 45/2 98 03-26
www.vzsa.de

**Verbraucherzentrale
Schleswig-Holstein e.V.**
Andreas-Gayk-Straße 15
24103 Kiel
Telefon: 04 31/5 90 99-0
Fax: 04 31/5 90 99-77
www.verbraucherzentrale-sh.de

Verbraucherzentrale Thüringen e.V.
Eugen-Richter-Straße 45
99085 Erfurt
Telefon: 03 61/5 55 14-0
Fax: 03 61/5 55 14-40
www.vzth.de

Internetadressen

■ Allgemeine Informationen

www.checked4you.de/studium Das Online-Jugendmagazin der Verbraucherzentrale Nordrhein-Westfalen

www.gew.de Gewerkschaft Erziehung und Wissenschaft: Bildungsgewerkschaft

www.hochschulkompass.de/studium Infos über aktuell angebotene Studiengänge an deutschen Hochschulen

www.hrk.de Hochschulrektorenkonferenz – Die Stimme der Hochschulen

www.sozialerhebung.de Infos zur Lage der Studierenden in Deutschland

www.studentenwerke.de Deutsches Studentenwerk

www.studis-online.de Informatives Studentenportal

www.wege-ins-studium.de Infos rund um das Studium

■ Studium

Baden-Württemberg: www.studieninfo-bw.de

Bayern: www.studieren-in-bayern.de und www.weiter-studieren-in-bayern.de

Berlin und Brandenburg: www.studieren-in-bb.de

Bremen: www.bremen.de/studium und www.uni-bremen.de/studiengebuehren

Hamburg: www.wissenschaft.hamburg.de

Hessen: www.wissenschaft.de/studium

Mecklenburg-Vorpommern: www.studieren-mit-meerwert.de

Niedersachsen: www.studieren-in-niedersachsen.de

Nordrhein-Westfalen: www.studium-in-nrw.de und www.wissenschaft.nrw.de/studium

Rheinland-Pfalz: www.mbwwk.rlp.de/wissenschaft/studieren-in-rheinland-pfalz

Saarland: www.saarland.de/5350.htm

Sachsen: www.studieren.sachsen.de und www.pack-dein-studium.de

Sachsen-Anhalt: www.platzfuertalente.de

Schleswig-Holstein: www.schleswig-holstein.de/wissenschaft

Thüringen: www.thueringen.de/de/hochschulen/

■ **Ausbildungsunterhalt**

www.arbeitsagentur.de – Suchbegriff: „Kindergeld"
www.olg-duesseldorf.nrw.de – Suchbegriff: „Düsseldorfer Tabelle"
www.dz-portal.de Bundesamt für zentrale Dienste und offene Vermögensfragen, Menüpunkt „Kindergeld"
www.gesetze-im-internet.de/bgb Bürgerliches Gesetzbuch

■ **BAföG**

www.das-neue-bafoeg.de BAföG-Infos des Bundesministeriums für Bildung und Forschung
www.bafoeg-rechner.de BAföG-Förderbetrag online berechnen
www.studis-online.de Infos rund um das Studium

■ **Studiendarlehen**

www.apobank.de Studienkredit der Deutschen Apotheker- und Ärztebank
www.bildungsfonds.de Informationen zu Bildungsfonds der CareerConcept AG
www.bildungskredit.de Infos des Bundesverwaltungsamts
www.che.de Centrum für Hochschulentwicklung
www.deutsche-bildung.de Informationen zu Studienfonds der Deutsche Bildung GmbH
www.dkb-studenten-bildungsfonds.de Kredit der Deutschen Kreditbank AG
www.ekk.de/bildungskredit Evangelische Kreditgenossenschaft eG
www.festobildungsfonds.de Bildungsfonds für technische und ingenieurwissenschaftliche Studiengänge
www.haspa.de Studentenkredit der Hamburger Sparkasse
www.kfw.de/studienkredit Infos zu KfW-Studienkredit, Bildungskredit und Tilgungsrechner
www.sparkasse-herford.de StudentenKredit der Sparkasse Herford

■ **Stipendien und Förderprogramme**

www.avicenna-studienwerk.de Avicenna-Studienwerk
www.bildungspraemie.info Bildungsprämie
www.bildungsscheck-brandenburg.de Bildungsscheck Brandenburg

www.bildungsscheck.nrw.de Bildungsscheck Nordrhein-Westfalen
www.bremen.de/der-bremer-weiterbildungsscheck-26456491
   Weiterbildungsscheck Bremen
www.boeckler.de Hans-Böckler-Stiftung
www.boell.de/studienwerk Heinrich-Böll-Stiftung
www.cusanuswerk.de Cusanuswerk – Bischöfliche Studienförderung
www.daad.de Deutscher Akademischer Austauschdienst
www.deutschlandstipendium.de Förderprogramm des BMBF
www.e-fellows.net Online-Stipendium
www.eles-studienwerk.de Ernst Ludwig Ehrlich Studienwerk
www.eu.daad.de Infos zum Erasmus-Programm
www.evstudienwerk.de Evangelisches Studienwerk Villigst
www.fes.de Friedrich-Ebert-Stiftung
www.freiheit.org Friedrich-Naumann-Stiftung für die Freiheit
www.fulbright.de USA-Stipendien
www.gfaw-thueringen.de Weiterbildungsscheck Thüringen
www.haniel-stiftung.de Haniel Stiftung
www.henkel.de/karriere/stipendium-35559.htm Dr. Jost Henkel Stiftung
www.hss.de Hanns-Seidel-Stiftung
www.ics-ev.de Förderverein International Co-operative Studies
www.iwwb.de/links/bildungsurlaub Bildungsurlaub
www.kas.de Konrad-Adenauer-Stiftung
www.meister-bafoeg.info Meister-BAföG
www.qualischeck.rlp.de Qualischeck Rheinland-Pfalz
www.rosalux.de Rosa-Luxemburg-Stiftung
www.sab.sachsen.de Weiterbildungsscheck Sachsen
www.sbb-stipendien.de/aufstiegsstipendium Stiftung Begabtenförderung (SBB)
   Aufstiegsstipendium
www.sbb-stipendien.de/weiterbildungsstipendium Weiterbildungsstipendium
www.sdw.org/studienfoerderwerk-klaus-murmann Stiftung der Deutschen
   Wirtschaft
www.stifterverband.de Übersicht Stiftungen der deutschen Wirtschaft
www.stiftungen.org Bundesverband deutscher Stiftungen
www.stipendiendatenbank.de Die größte Stipendien-Datenbank Deutschlands
www.stipendienlotse.de Stipendien-Datenbank des BMBF
www.stipendiumplus.de Übersicht der deutschen Begabtenförderungswerke
www.studienstiftung.de Studienstiftung des deutschen Volkes
www.weiterbildungsbonus.net Weiterbildungsbonus Hamburg

■ Jobben

www.arbeitsagentur.de Stellenbörse der Bundesagentur für Arbeit
www.bmas.de Broschüre des Bundesarbeitsministeriums: „Geringfügige Beschäftigung und Beschäftigung in der Gleitzone"
www.elster.de Infos der Finanzämter zur Steuererklärung
www.dgb-jugend.de Infos des Deutschen Gewerkschaftsbundes zu Ausbildung,
Studium und Jobs
www.gleitzonenrechner.de Gleitzonenrechner der gesetzlichen Krankenkassen
www.jobpilot.de Europäische Stellenbörse
www.minijob-zentrale.de Infos zu Minijobs von der Knappschaft-Bahn-See
www.ofd.niedersachsen.de Suchbegriff: „Ratgeber für Lohnsteuerzahler"
www.students-at-work.de Studieninfos des Deutschen Gewerkschaftsbunds
www.unicum.de Studentenseite mit Praktikumsbörse

■ Sozialleistungen

www.bmvi.de Bundesministerium für Verkehr und digitale Infrastruktur,
Suchbegriff: „Wohngeld"

■ Vergünstigungen

www.bahn.de Vergünstigte BahnCard 50 für Studierende
www.isic.de Internationaler Studentenausweis
www.rundfunkbeitrag.de Infos zum Rundfunkbeitrag
www.telekom.de Infos zum Telekom-Sozialtarif, Suchbegriff: „Sozialtarif"
www.test.de Stiftung Warentest, Suchbegriff: „Girokonto"
www.unihome.de Vergünstigter Mobilfunktarif von T-Mobile für Studierende

Impressum

■ Herausgeber

Verbraucherzentrale Nordrhein-Westfalen e.V.
Mintropstraße 27
40215 Düsseldorf
Telefon: 02 11/ 38 09-555
Fax: 02 11/38 09-235
E-Mail: ratgeber@vz-nrw.de
www.vz-nrw.de

■ Mitherausgeber

Verbraucherzentrale Bundesverband e.V.
Verbraucherzentrale Baden-Württemberg e.V.
Verbraucherzentrale Hamburg e.V.
(Adressen ⋯> Seite 204 ff.)

Text	Sina Groß, Mainz
Koordination	Wolfgang Starke
Lektorat	Dr. Doris Mendlewitsch, Düsseldorf, www.mendlewitsch.de
Fachliche Betreuung	Barbara Rück, Elke Weidenbach
Layout und Produktion	punkt 8, Berlin, www.punkt8-berlin.de
Illustrationen	Jamiri (Jan-Michael Richter), Essen
Umschlaggestaltung	Ute Lübbeke, Köln, www.LNT-design.de
Titelbild	plainpicture/Bildagentur Hamburg
Druck	druckservice duisburg medienfabrik GmbH & Co. KG

Gedruckt auf 100 Prozent Recyclingpapier

Redaktionsschluss: 1. Juli 2014

Noch Fragen?

Die Beratung der Verbraucherzentralen

Die Experten der Verbraucherzentrale
beraten Sie individuell, kompetent
und unabhängig – unter anderem zu
folgenden Themen:

- Energie
- Recht
- Geld und Kredit
- Immobilienfinanzierung
- Versicherungen
- Gesundheit und Pflege
- Medien und Telekommunikation

www. Alle Informationen über eine
persönliche Beratung erhalten Sie
unter **www.verbraucherzentrale.de**
oder in Ihrer Beratungsstelle.